BIOGRAPHIES SERIES
WORLD NOBEL PRIZE WINNERS

诺贝尔奖获奖者传记丛书

ALBERT EINSTEIN：A BIOGRAPHY

爱因斯坦传

李梦群◎著

時代文藝出版社

授奖辞

Award-winning Remarks

爱因斯坦在1922年获得了1921年的诺贝尔奖，由于诺贝尔奖委员会要求他的获奖演说仅限于正式授奖理由——光电效应方面的研究，不得提到相对论，以及爱因斯坦要到日本作学术演讲，而没有出席正式授奖典礼。

目 录

Contents

阿尔伯特·爱因斯坦Albert Einstein（1879—1955年），美籍德国犹太裔，世界十大杰出物理学家之一，20世纪最伟大的物理学家，现代物理学的开创者和奠基人，著名思想家和哲学家。1921年荣获诺贝尔物理学奖，1999年被美国《时代周刊》评选为“世纪伟人”。

爱因斯坦在物理学的许多领域都有重大贡献，最重要的是建立了狭义相对论，并推广为广义相对论；为反抗纳粹，建议并参加第一颗原子弹的研制工作；提出了光的量子概念等理论；发现了光电效应定律；著有《相对论的意义》、《论动体的电动力学》、《广义相对论基础》等论文。

爱因斯坦生长在物理学急剧变革的时期，通过以他为代表的一代物理学家的努力，物理学的发展进入了一个新的历史时期。由伽利略和牛顿建立的古典物理学理论体系，历经了近200年的发展，到19世纪中叶，由于能量守恒

序　言

ALBERT

二十世纪最伟大的物理学家

EINSTEIN

和转化定律的发现，热力学和统计物理学的建立，特别是由于法拉第和麦克斯韦在电磁学上的发现，取得了辉煌的成就。可是，接踵而来的却是一系列古典物理学无法解释的新现象：以太漂移实验、元素的放射性、电子运动、黑体辐射、光电效应等等。在新形势面前，年轻的爱因斯坦不为旧传统所束缚，对空间和时间的基本概念作了本质上的变革，开辟了物理学的新纪元。

爱因斯坦一生中最重要的贡献是相对论。1905年，他发表了论文《论动体的电动力学》，提出了狭义相对性原理和光速不变原理，建立了狭义相对论，把牛顿力学作为低速运动理论的特殊情形包括在内，揭示了作为物质存在形式的空间和时间在本质上的统一性，力学运动和电磁运动在运动学上的统一性，物质和运动的统一性，发展了物质和运动不可分割原理，并且为原子能的利用奠定了理论基础。1915年，他又建立了广义相对论，揭示了四维空间同物质的统一关系，指出空时不可能离开物质而独立存在，空间的结构和性质取决于物质的分布，并不是平坦的欧几里得空间，而是弯曲的黎曼空间。根据广义相对论的引力论，他推断光在引力场中不会沿着直线而会沿着曲线传播。这一理论预见，在1919年英国天文学家的日蚀观察中得到证实，当时全世界都为之轰动。1921年，因光电效应理论被授予诺贝尔物理学奖。1938年，在广义相对论的运动问题上取得重大进展，从场方程推导出物体运动方程，揭示了空时、物质、运动和引力之间的统一性。20世纪60年代以来，广义相对论和引力论的研究，由于实验技术和天文学的巨大发展受到重视。另外，爱因斯坦对宇宙学、引力和电磁的统一场论、量子论的研究都为物理学的发展作出了重大贡献。

爱因斯坦不仅是一个伟大的科学家，一个富有哲学探索精神的杰出思想家，同时还是一个具有高度责任感的社会活动家。他先后生活在西方政治漩涡中心德国和美国，经历了两次世界大战，深刻体会到一个科学工作者的劳动成果对社会产生怎样的影响，一个知识分子要对社会负怎样的责任。爱因斯坦一心希望科学造福于人类，但他却目睹了科学技术在两次世界大战中所造成的巨大破坏。因此，他认为战争与和平的问题是当代的首要问题，他一生中发表最多的也是这方面的言论。他对政治问题第一次公开表态，是在1914年签署的反对第一次世界大战的声明。他对政治问题的最后一次发言，是1955年签署的《罗素——爱因斯坦宣言》，呼吁人们团结起来，防止爆发新的世界大战。

在20世纪思想家的画廊中，爱因斯坦是公正、善良、真理的化身。他的品格与天地日月争辉，他的科学贡献人类万世景仰。

Chapter 1

第一章　天才的童年

ALBERT EINSTEIN

1. 音乐与孤独

1879年3月14日，德国乌尔姆小城。

这一天，天晴风暖，欢乐祥和，显得与平日不同。

这一天，一个小男孩儿，一个震惊世界、取得卓越科研成就、创立举世闻名的相对论，因光电效应研究荣获诺贝尔物理学奖，开创物理学新纪元的科学巨人，一个为世界和平呼吁奔走的社会活动家，由此而诞生，他的名字叫阿尔伯特·爱因斯坦。

爱因斯坦的父母都是犹太人。早在公元16世纪，爱因斯坦的犹太祖先便从不知名的地方迁居到德国。不知什么原因，他们放弃了四处迁徙的古老传统，钟情于德国大地的山川、河流与森林，开始了定居生活。

到爱因斯坦父母这一代，除了些微宗教习惯外，实际上，已成为地道的德国人，他们爱德国，说德语，把德国视为自己的祖国。

爱因斯坦的父亲赫尔曼·爱因斯坦和母亲波林·科克两家人定居在德国乌尔姆城。1876年结婚后，居住在慕斯特广场，后移居到班霍夫街。1944年，行将灭亡的第三帝国遭致灭顶之灾，盟军的连续空袭使爱因斯坦的出生地变成一片废墟。

爱因斯坦的父亲赫尔曼经营一家电器厂，生意平平，勉强维持一家人的生计。他天生是一个乐天派，性情温和，待人诚恳，与人为善，追求精神滋养和内心的自由。

赫尔曼极有数学天赋，中学时代就引人注目，只是家贫，没钱供他上大学，他不得不弃学从商。渴求知识充实的愿望，使他讨厌经商，而是喜欢阅读，每到晚上，一家人坐在一起，他总是习惯高声阅读，读席勒和海涅的诗作，边读边在客厅里踱步，读到抒情精彩处，总会夸张地打着手势，脸上浮现出孩童般的笑容。

爱因斯坦的母亲，像大多数犹太妇女一样，勤劳贤惠。她家境优裕，受过良好教育，文化修养极高，喜爱文学，更喜爱音乐。共同的爱好，使爱因斯坦的父母情投意合，琴瑟和鸣，不仅营造了温暖和谐的家，更为儿子的诞生和成长孕育了浓厚的文化氛围。

父亲的数学天赋和母亲的音乐天赋，恰到好处地合成一个不同凡俗的爱因斯坦。非凡的思维能力和丰富的想象力，就是爱因斯坦秉承父母天赋的力证。

一个天才的童年，总会有些超乎寻常的故事。爱因斯坦刚出生时，后脑大得不同一般，而且头骨呈棱形，这种异状，后来成为爱因斯坦独有的特征。

爱因斯坦的母亲曾为儿子的异样头骨而惊讶，年迈的老祖母，看到孙子的大脑袋，也感到怪异，那大而奇怪的头形让她觉得不安，担心孙子纤细的脖颈和弱小的身躯，如何支撑得住这个硕大的脑袋。当然，她们还不曾意识到，就是这个奇怪的大脑袋，在未来岁月里，将滋生出多少伟大的意识，服务人类，名垂千载。

看着爱因斯坦可爱的模样，父母对他寄予了深切的厚望。然而，没过多久，他们就开始失望了。人家的孩子都开始学说话了，三岁的爱因斯坦才咿呀学语，就连爱因斯坦的妹妹，比他小两岁的玛伽都能和邻居有问有答地交谈了，爱因斯坦说起话来还是支支吾吾，前言不搭后语。看着举止迟钝的宝贝儿子，他的父母忧虑万分，担心他是个哑巴，担心他智商低下，带着他到医院去进行检查，结果小爱因斯坦不是哑巴，智商也不低，只是性格内向不爱说话而已。

当然，爱因斯坦也有让父母得意的地方，他四岁时，穿过慕尼黑最繁华的大街，第一次给他指明道路，第二次在一旁观察他，他就能先看右方，再看左方，然后毫不胆怯地独自走过去。

不久，赫尔曼的小电器厂破产了，在他弟弟雅各布的建议下，他们决定迁居慕尼黑，合办一家安装煤气和自来水管道的小企业。

满怀着对未来的憧憬，1880年，全家来到慕尼黑。最初一段时间，生意还算兴隆。兄弟两人又拿出了大量积蓄，再加上波林父亲的资助，开办了一家电子技术工厂，制造发电机、电弧灯、测试仪表等电气器材，并为经营这个企业奋斗了10年，但最终以失败告终。1894年，赫尔曼再次带领全家迁居意大利，寻求新的谋生之路。

在赫尔曼的经历中，慕尼黑的14年，经营充满艰辛。但对于小爱因斯坦来说，却是温暖、安宁、幸福的14年。他从一个懵懂的婴孩儿，成长为一个初具知识、略显个性的青春少年，乃至日后震惊世界，在慕尼黑的那段时光总是值得回味的。

慕尼黑德语意为“僧侣之乡”，是德国第三大城市，巴伐利亚州首府，南距阿尔卑斯山48公里，海拔519米。选帝马克西米连一世统治时期，城市规模逐渐扩大，兴建了许多文艺复兴式的建筑，风格多样，景色宜人，曾被认为是欧洲最美丽的城市之一。爱因斯坦的童年和少年时代，恰逢慕尼黑大发展时期，蓬勃向上的时代精神和开拓进取的人格意志，通过各种渠道，浸润和影响着他稚嫩的心灵。

慕尼黑郊外，遍布清新的田野和幽静的森林。爱因斯坦一家的住处，浓荫蔽日，绿茵环绕。天性浪漫的赫尔曼在生意之余，常常带领全家到野外去郊游。小爱因斯坦天生醉心于大自然的美景，他常常瞪着两只好奇的大眼睛，双唇紧闭，默不作声，紧紧跟随在父母身后，注视着眼前的自然景色。自然界的美好与神秘，浸染着他幼小的心灵。大自然的和谐静谧，赋予他独立思索的生活方式，也赋予他无尽的灵感和启迪。

从这以后，爱因斯坦总是喜欢寻求远离繁华都市的乡村作为居住地。在柏林，他觉得住在哈裴尔河畔最舒适。此外，他最喜爱的地方是北海群岛和德国东海沿岸。在晚年流亡期间，他居住在美国的普林斯顿，住房四周就是一座大花园，住房就像绿色海洋中的一个孤岛。人们常常以为爱因斯坦生性孤僻、不善交际、喜欢幽居，其实不然，他只是受父母的熏陶，发自内心地喜欢亲近大自然而已。

慕尼黑郊外的自然风光，在爱因斯坦幼小的心灵里播下了自由的种子，当然，也给他带来与年龄不相称的孤独，但这不是人生的痛苦，而是一种独立的个性，更在日后的科研生涯中，催生出他的创造性思维，却又让他不同于常人，而显得怪僻。

1946年，67岁的爱因斯坦在《自述》中毫无顾忌地说："当我还是一个早熟少年的时候，就已深切地意识到，大多数人终生追逐的那些希望和努力是毫无价值的，每个人只是因为心有欲求，就注定要参与世间的角逐，真正有思想、有感情的人是不能由此而得到满足的。"

这些话，当然不是浅薄的自我标榜，也不是对芸芸众生的精神开导，他只是按照自己的个性理解生活。他并不想鹤立鸡群，也不想去效仿别人的生活方式，就像一群人在黑暗中摸索，所有的人都朝一个方向，唯独他背道而驰，独自走向另一个方向，而他坚信自己的正确选择。

爱因斯坦5岁时，父母为他请了一个家庭女教师。第一次上课时，他发现将会从此失去自由，当即大发脾气，向老师叫喊扔椅子以示抗议，他的父母只好向老师一再道歉，并且结束了这次家教。

不爱和人交往的爱因斯坦，偏偏喜爱那些需要耐心和毅力的游戏，比如，用卡片和积木搭房子，一搭就是几个小时，不搭成功绝不罢休，往往喊他吃饭他都不为所动，直到搭好，才兴高采烈地离开。

爱因斯坦还特别喜欢观察大自然，有一次，父母带他去郊游，走进一片茂密的树林里，却忽然看不见他的身影，母亲急得边喊边找，却见爱因斯坦一个人在树林深处轻轻地行走，一会儿摘下一片树叶，仔细观察树叶的纹脉，一会儿又抬头观看阳光从树叶间透过的光斑。当他走到湖边，又蹲下身来，一动不动凝望着湖水，观察湖面上起伏的波澜。当母亲走到他身边，又发现他正坐在地上，凝望着一队队往来穿梭的蚂蚁。母亲站在一边喊他，他都没有听到。

受母亲的熏陶，爱因斯坦从小就对音乐极为敏感。他 3 岁的时候，一天，母亲坐在钢琴旁，轻轻弹奏琴键，优美动听的旋律就像潺潺的溪水，从她的指端流出。弹奏的瞬间回头一看，小爱因斯坦正歪着脑袋，全神贯注地倾听着美妙的音乐。年轻的母亲分明看见，儿子那双亮晶晶的、棕色的大眼睛里闪烁着快乐的光辉。

为了给这个孤僻的孩子带来一点生活的乐趣，在爱因斯坦5岁时，母亲开始刻意教他学拉小提琴，爱因斯坦对此非常感兴趣，而且特别喜欢莫扎特，在母亲的陪伴下，不久，他就能演奏莫扎特和贝多芬的奏鸣曲了。在爱因斯坦以后的生活中，唯一的爱好和消遣就是音乐，就是拉小提琴，而且拉得有声有色，在四重奏方面很有造诣，甚至达到了艺术家的完美境地。每当工作疲倦时，他便拉起小提琴，使内心保持和谐与宁静。

爱因斯坦10岁时，父母才送他去上学。在学校里，爱因斯坦沉默寡言，举止缓慢，老师提问他时，他好像听不见一样，总是默默思考自己的问题，老师和同学都不喜欢他。学校要求学生上下课都按军事口令行动，但爱因斯坦反应迟钝，经常被教师呵斥罚站，同学们更是取笑他是个“笨家伙”。教他希腊文和拉丁文的老师也嫌他笨拙学不会，曾在课上公开说他长大或许将一事无成。还有的老师，甚至怕他在课上不认真听讲，影响其他同学，竟想把他赶出校园。

一次，在手工课上，老师从学生的作品中挑出一张做得极差的木凳，用嘲笑的口吻对大家说，见过无数的凳子，但世界上再不会有比这更糟糕的凳子了！学生们听了哄堂大笑。爱因斯坦在笑声中红着脸站起来，他用缓慢的语调，向大家解释说，比这更糟糕的凳子是有的，边说边从脚下拿出两个更不像样的凳子，给老师和同学看，哪一个是前两次做的，哪一个是最后一次做的。看着爱因斯坦认真的样子，教室里鸦雀无声，老师和同学们都安静下来，不再大声嘲笑他。

在讥讽和侮辱中，爱因斯坦慢慢长大，他独来独往，时常躲开伙伴和同学，即使与家人在一起，也只是一个沉默的观众。在他的内心深处，就是喜欢和向往无人打扰的心境，谁要是破坏了他独处的心境，一向沉静的他就会爆发出激烈的情绪。

爱因斯坦的妹妹就曾经回忆说，每逢那样的时刻，她的哥哥就会变得情绪波动，脸色苍白，大声喊叫，不能自制。有几次，爱因斯坦竟向比自己小两岁的妹妹扔东西，大发脾气。而他所做的这些，不过就是需要安静独处，不被人打扰，也不去打扰他人。

在慕尼黑的卢伊特波尔德中学，爱因斯坦最喜欢数学课，对其他课程一概不感兴趣，除了数学课，他不爱上其他课程。孤独的他开始在书籍中寻找寄托，寻找精神力量，他在书中结识了牛顿、歌德、笛卡尔、阿基米德……在那一段时间，是书籍为他开拓了更广阔的空间和视野，充实了他的头脑。

在这期间，爱因斯坦的叔叔雅各布经常辅导他的数学，雅各布善于饶有趣味地讲解数学，且生动有趣，让爱因斯坦非常喜欢。比如，雅各布在给他讲代数时说，代数就像打猎一样，那头藏在树林里的野兽，把它叫做“X”，然后一步一步逼近它，直到把它逮住。通过雅各布叔叔生动形象的讲述，代数的真谛便深深印在爱因斯坦的脑海中。

一次，他对雅各布叔叔说，如果用光在真空中的速度和光一起向前跑，能不能看到空间里振动着的电磁波呢？听到这个让人费解的科学问题，叔叔用异样的目光注视着眼前这个大脑袋小侄儿，这目光中，有赞许，也有担忧，因为他意识到，爱因斯坦提出的这个问题实在非同一般，至少他解答不了。

说起爱因斯坦与音乐的故事，有一幅著名的漫画：爱因斯坦的脸被夸张地画成一把小提琴，琴弦上既有音符，还有那个著名的物理学公式：$E=mc^2$。音乐以空灵深邃的怀抱接纳了爱因斯坦，给他一个安宁的精神家园，也赋予他日后科研的超凡想象力。

科学与艺术的互补与统一，使音乐成为爱因斯坦的“第二职业”。在他的一生中，不论走到哪里，总是随身携带着那把小提琴，甚至参加柏林科学院的会议，也要带在身边，以便在会后拜访玻尔和普朗克时，在一起拉拉弹弹。

在艰辛探索光量子假说和广义相对论的日子里，每当遇到困难，思索陷入困顿之时，他也总会放下笔墨，拿起小提琴，沉醉地拉上一段，那优美和谐的旋律，会在无形中开启引领他的思路。

爱因斯坦的小提琴演奏水平很高，此外，还能弹一手好钢琴。他与好多物理学家有过许多科研理论上的争吵，也拥有并肩作战的深厚友谊。在他们的交往中，音乐常常起到妙不可言的作用。爱因斯坦与荷兰莱顿大学埃伦费斯特教授是终身挚友，但在相对论问题上，又总是争论不休。

1920年，爱因斯坦接受荷兰的邀请，成为莱顿大学的特邀教授，每年都有几个星期，前往讲学，住在好朋友埃伦费斯特家里，讨论争论自然避免不了。埃伦费斯特思维敏捷，心直口快，批判尖刻，毫不留情。爱因斯坦旁征博引，据理力争，唇枪舌剑，两人棋逢对手。争论之后，统一观点，自是皆大欢喜；争论不休，无法统一，两个好朋友常常自动休战。

埃伦费斯特是个出色的钢琴家，他喜欢替爱因斯坦伴奏。爱因斯坦则只要一有埃伦费斯特的钢琴伴奏，他的小提琴演奏肯定光彩四溢。有时，一支乐曲演奏到精彩处，爱因斯坦会突然停下，用琴弓敲击琴弦，让伴奏停止。或许是一段优美的旋律触动了灵感，双方争论复又开始，这样伴着音乐的演奏与争论，一时成为圈内美谈。

在柏林科学院，爱因斯坦同普朗克一起演奏贝多芬的作品，也成为人们津津乐道的话题。弹钢琴的是量子论的创始人普朗克，演奏小提琴的则是相对论的创始人爱因斯坦。量子论和相对论，构成了物理科学的两大支柱。在科学上，他们共同描绘了物理学优美壮丽的图景，在音乐艺术上，他们同样演奏出扣人心弦的乐曲。在两位物理学大师心目中，科学与艺术融会贯通，是精神世界最高最美最和谐的境界。

爱因斯坦毕生痴迷音乐，尤其痴迷西方古典音乐，酷爱巴赫、莫扎特和贝多芬的作品。有一次，有人问他对巴赫有何见解。爱因斯坦回答说，关于巴赫的生平和作品，我们只有敬他、爱他、聆听它、演奏它，而不要随意发表任何议论。的确，爱因斯坦的一生，对物理学研究，对世界和平的呼唤，曾经发表过很多言论，但他从不议论音乐，只是用心灵去感受和触摸。

爱因斯坦把音乐和物理学视为真与美的化身，他对音乐的执著追求，对物理学的孜孜以求，既非娱乐消遣可解说，亦非一般的事业心可衡量，这两者于他，是精神生命的需要。

爱因斯坦是幸运的，他在音乐和物理学中找到了自己的灵魂根基，他确信自己生活方式的理想性。所以，每当他的独立人格与外在世界发生冲突时，他不是大声疾呼，无畏评判，而是无言地坚守自己内心的“孤独”，从来没有过半点动摇。

科学巨人爱因斯坦，就是这样，由音乐艺术孕育成长，在物理学中找到了自己的人生目标，并且执著向前。

2. 罗盘引发的科学兴趣

按爱因斯坦的心理气质而言，如果他出生在文艺复兴时期，历史或许会把他造就成为一个杰出的艺术家，但在19世纪末的德国，科学探索未知世界的热潮正在兴起，各种科学发明此起彼伏，激发着人们的求知欲，激起人们极大的兴趣。科学之光普照大地，也照亮了爱因斯坦成长的道路。

爱因斯坦在5岁时，有一次感冒发烧，本来沉静的他更像是一只温顺的小猫咪，静静蜷伏在家里，一动也不动。父亲心疼病痛中的儿子，找来一个罗盘给儿子解闷。他用小手捧着罗盘，只见罗盘中间那根针在轻轻抖动，指向正北。他把罗盘转过去，那根磁针依旧指向北。不论他怎样扭转身子，转动方向，那根红色磁针始终顽强地指向北。

爱因斯坦一时忘掉病痛，举着罗盘困惑不已，他觉得一定有什么力量隐藏在这罗盘后面。他一连几天摆弄着罗盘，还纠缠着父亲和雅各布叔叔问了一连串的问题。尽管他连“磁”这个词语都说不好，但他却顽固地想要知道，指南针为什么能够指南。小小的罗盘，里面那根按照一定规律行动的磁针，唤起了这位未来科学巨匠的好奇心，而这神圣的好奇心，正是萌生科学研究的幼苗。

这种深刻而持久的印象，使爱因斯坦在67岁时，还能清晰地回忆起这件事。这件小事虽微乎其微，而且发生在爱因斯坦的童年时期，但这次奇特的经历，却对他日后的科学思考与研究起了重要的作用。后来，在广义相对论中，爱因斯坦终于天才地破解了儿时萌发的困惑。

1953年，爱因斯坦在74岁生日宴会之前，举行了一个简短的记者招待会。会上，有记者这样发问，据说，你在5岁时由于一只指南针，在12岁时由于一本欧几里得几何学而受到决定性的影响，这些东西对你一生的研究工作果真产生过重要影响吗？爱因斯坦笑着回答："我相信外界的事物对我的发展确实有过重大的影响，但是人很少洞察到自己内心所发生的事情，当一只小狗第一次看到指南针时，它不会有什么反应，对小孩子来说也是如此。决定一个人特殊反应的究竟是什么呢？人们可以设想各种能够说得通的理论，但是决不会找到真正的答案。"

的确，一个儿童的一次偶然经历和日后伟大的科学发现之间，无论怎样推论，恐怕也难以找出让人心服的必然联系。比如，当希特勒还是一个孩童时，大约会有舞刀弄枪的游戏，但由此推断出，他最终成为一个战争狂人，终究有些可笑。

倘若，爱因斯坦没有成为物理学大师，那小小的罗盘也将失去任何意义，更不会为人们津津乐道。只是，就小爱因斯坦的好奇心来说，他确是一个早熟聪慧的孩子。当同龄的孩子还在懵懂之际，爱因斯坦却感受到一种无法看见的力量。

其实，真正促使爱因斯坦对世界发生浓厚兴趣的是数学。音乐赋予他和谐美丽的图景，数学又证实了这个图景。二者结合起来，为他的精神世界奠定了坚实的基础。

一个12岁的孩子，在不可思议的感受中迷上了数学，而且初次领略到一个古老而又永恒的哲学命题：思维与存在的关系。一个直角三角形，两条直角边的平方相加等于斜边的平方。这个平方并不是显而易见的，但却可以证明。几何学给爱因斯坦带来的思维奇妙性，使他来不及按部就班，竟一口气把《圣明几何学小书》通读一遍。

当然，爱因斯坦步入自然科学领域，有两个人是非常重要的，虽然很难说他们在思想上对爱因斯坦有什么重大影响，但他们把打开自然科学殿堂大门的第一把钥匙递给了他，这两个人，一个是他的叔叔雅各布，一个是塔尔梅。

雅各布在电器厂里专门负责技术方面的事务，爱因斯坦的父亲则负责商业的往来。雅各布是一个工程师，他和爱因斯坦的父亲一样爱好数学，是爱因斯坦入学前的数学启蒙老师。爱因斯坦上学后，叔叔常常出些数学题让他解答。每当正确解答出来后，爱因斯坦就特别高兴。

爱因斯坦父亲的生意做得并不好，但他是一个乐观善良的人，每星期都有一个晚上，要邀请来慕尼黑念书的穷学生到家里来吃饭，这样就等于是救济他们。塔尔梅就是爱因斯坦在中学读书时结识的。他是学医学的，喜欢阅读书籍，兴趣广泛，每个星期四，都到爱因斯坦家里来吃饭，并和羞答答、长着黑头发和棕色眼睛的小爱因斯坦成为好朋友。

可以说，塔尔梅是爱因斯坦的启蒙老师，一开始，他总是和爱因斯坦谈论数学问题，后来，他借了一些通俗的自然科学书籍给他看，引起爱因斯坦对数学的浓厚兴趣，对学校枯燥教学方式厌倦的爱因斯坦干脆自学起微积分。

在爱因斯坦12岁时，塔尔梅送给他一本施皮尔克的平面几何教科书，这本教科书，不但使爱因斯坦增长了数学知识，更拨动了年轻人好奇的心弦，引起他对数学问题的深思。

尽管爱因斯坦的数学成绩永远第一，但老师们并不喜欢他，因为，他提出的数学问题常常让老师张口结舌，不知如何解答。由于他平时举止缓慢，行为怪异，又不爱与人交往，老师和同学们都在心里疏离他，并在背后议论他“生性孤僻”、“不守纪律”、“想入非非”……

有一次，一个老师公开对他说，如果你不在我的班上，我会愉快得多。爱因斯坦不解地回答，我并没有做错什么事呀！老师回答说，对，确实是这样，但你老是坐在座位上面笑，这就亵渎了老师需要在班级中应得的尊敬。老师的抱怨当然可以理解，爱因斯坦超常的数学能力，确实让一个普通的中学教师感到无法言说的心理压力。

不久，塔尔梅也不是爱因斯坦数学上的对手了，但他依然热情地为他介绍自然科学书籍，特别是康德的哲学著作、布赫纳的《力和物质》和伯恩斯坦的《自然科学通俗读本》等，给爱因斯坦留下极深的印象。在伟大的科学家们的生涯中，人们发现，他们往往在年幼时期，由于偶然的机会接触到一部著作，从而对他们的命运产生重大的影响。

爱因斯坦于1915年完成的广义相对论，正是数学与自然科学之间有效结合的光辉范例。广义相对论刚问世时，许多物理学家都视之为拼拼凑凑的数学游戏，而不屑一顾。为了验证广义相对论的理论，爱因斯坦指出了三个可资验证的“效应”，并用天文观测手段，先后一一验证了这三个效应。第一个效应是水星近日点附加的进动，第二个效应是太阳引力场中的光线的弯曲，第三个效应是相对论红移。

音乐与罗盘，数学与自然科学，一步一个阶梯，一步一个坚实的脚印，让爱因斯坦扬起了科学远征的风帆。

3. 宗教情感困惑的少年

慕尼黑是个宗教气氛浓厚的城市，城内有许多教堂，学校也多由教会举办。当时，居住在慕尼黑的犹太人都把子女送到犹太学校，居住在郊外的爱因斯坦距离犹太学校太远，学费又贵，于是，他在父母安排下，进了一所离家较近的天主教会小学。

爱因斯坦的父亲天生是一个自由主义者，虽然他也遵守犹太教规，但骨子里则不以为然，然而他对宗教的态度和情感，并没有影响到爱因斯坦。

儿童的心灵脆弱，很容易受到宗教情感的浸润。上小学后，教义课上讲的那些圣经故事，教堂里的庄严气氛，荡漾在

空中的教堂钟声，唱诗班的深沉歌声，以及喃喃的祈祷声，都在爱因斯坦的心里产生神秘而又崇高的感情。被音乐所吸引的小爱因斯坦，同时也被宗教所吸引。爱因斯坦晚年在《自述》中回忆说，尽管我是完全没有宗教信仰的双亲的儿子，我还是深深地信仰宗教。

巴伐利亚的法律规定，所有学龄儿童都必须接受宗教教育。爱因斯坦所在的学校只提供天主教教义，在家里，他又接受一位远亲讲解犹太教义。12岁之前，爱因斯坦有着热烈的宗教情绪，一丝不苟地遵从教义训示。他信仰基督教的耶稣，也信仰犹太教的耶和华。他对父母不守教规、不作祷告、吃猪肉非常反感，还亲自谱写了几首尊崇上帝的歌，在上学的路上独自哼唱。

爱因斯坦心灵中的宗教情感过于纯净，他在学校是天主教徒，在家又是犹太教徒，两种宗教的历史冲突不可避免地影响了他。

一天，学校里的教义老师带着一根大钉子来到班上，他为孩子们讲述犹太人把救世主耶稣钉在十字架上的情景，爱因斯坦感到很迷惑，既然都是上帝的儿子，为什么要相互残杀、相互憎恨？在爱因斯坦稚嫩的心灵里，他向往的是一个和谐、善良、光照一切的万能的上帝，讨厌一切教派间的争吵、攻击和谩骂。

在爱因斯坦12岁时，他接触到了《力和物质》、《自然科学通俗读本》两本书后，毅然摒弃了世俗的宗教观，不再信仰《圣经》里的上帝，不再相信来世的天堂，也不再以虔诚的祈祷去铺筑通往天堂的道路。步入科学殿堂的爱因斯坦，迷恋起心中新的上帝——和谐的宇宙和自然。

1929年，纽约犹太教堂牧师哥耳德斯坦从纽约发出一份电报到柏林，问爱因斯坦，您信仰上帝吗？请至多用50个字来回答。爱因斯坦在接到电报的当天，就发了回电：我信仰斯宾诺莎在存在事物中有序和谐的上帝，而不信仰那个同人类命运和行为有牵累的上帝。

斯宾诺莎是17世纪著名的荷兰籍犹太哲学家，由于坚持泛神论被教会放逐，长期蛰居在乡间，靠磨光学玻璃片糊口，终生过着淡泊孤寂的生活。斯宾诺莎认为，上帝和大自然是同一回事，上帝就是自然秩序。爱因斯坦把斯宾诺莎对自然界和谐的理解，奉为生活的最高目标。

爱因斯坦既要抛弃全知全能的上帝，又无比眷念纯洁深挚的宗教感情。科学理智与宗教情感的掺杂混合，是铸成爱因斯坦独特人格的原因，在他成为一代物理学大师之后，科学与宗教仍是他孜孜不倦的话题。

一个12岁的孩子，一步一步登上物理学的高峰，靠的是什么？就是心中那团不熄的圣火，那股殉道的激情。1930年，在《宗教与科学》一书中，爱因斯坦阐述，人类所做和所想的一切，都是为了满足需要和减轻痛苦。科学是献身者的事业，科学的理性需要坚韧的情感去支撑。爱因斯坦对宗教的解说，与他那超凡脱俗的人格一样，充满智慧。

《圣经》中曾有这样一段故事：亚伯拉罕到草原放羊，夜晚同牧羊人一起围坐在篝火前，宁静的夜晚，发人深思，引人遐想。他观察研究星星运行的路线，深刻领悟到世界的广袤无垠与美丽和谐。他认为只有宇宙、太阳、月亮和星星的创造者，才是唯一的神，威力无穷，无所不在，且又无影无形。

爱因斯坦的宇宙宗教感也正是来自于此。当亚伯拉罕仰望着星空，而在慕尼黑的郊外，同样激起爱因斯坦的感受。不同的是，亚伯拉罕发现了统治宇宙的神，爱因斯坦发现的则是宏伟、美丽与和谐的自然规律。

正因为如此，西方许多著名科学家对宇宙结构的美、秩序和对称性，才觉得那么亲切，而又令人敬仰。就像爱因斯坦一样，科学家们共有的宇宙宗教感，就是人类的追求和向往。这样的科学家可以列出一个长长的名单：牛顿、法拉第、开普勒等等。

宗教，曾是科学的敌人，人类曾幼稚地误解过这些伟大的科学家，误解过爱因斯坦，也曾无情迫害过哥白尼和布鲁诺。但在科学飞速发展的今天，我们还会误解与迫害吗？

从宗教情感到科学理智，再到两者的融合，这是爱因斯坦思想发展的轨迹，也是理论物理学的发展引申出来的新课题，爱因斯坦陶醉在其中，并且踽踽独行，为之探索了一生。

Chapter 2

ALBERT

第二章　迁居慕尼黑

EINSTEIN

1. 游离中学校园的“浪子”

1894年，爱因斯坦的父亲在慕尼黑的工厂难以维系，于是迁居意大利，爱因斯坦借住在慕尼黑一位老太太家里。父亲想要他取得高中毕业文凭，再进入大学，获得电机工程师的资格，这是父亲为儿子谋划的人生道路。

独自一人留在慕尼黑，本来就生性孤僻的爱因斯坦更是意志消沉，心神不宁。他思念着父母，又极为厌恶学校的捆绑式教育。慕尼黑赋予他清新宁静的自然风情，美妙动听的音乐，深挚的宗教情感。但路易波尔德中学的 6 年生活，却是他一生中最痛苦的回忆。有着强烈个性的爱因斯坦，对德国推行的教育制度，反感至极。

路易波尔德中学就像一座“兵营”，在这座“兵营”里，老师们只教学生为分数和功名利禄而努力，不管有没有用，也不管愿不愿意。军国主义的专横、强制与丑恶，在教育思想上体现至深。

爱因斯坦无法忍受，在校园内外判若两人。在校外，他不爱说话，但内心恬静自由。他的同学们还在平面几何里扑腾，他却利用课余时间畅游在微积分的海洋。他与音乐为伴，做着理想和希望的梦，孤独地走在属于自己的道路上。在校内，除了数学外，其他科目成绩都不理想。老师嫌他生性孤僻、智力迟钝，责备他不守纪律、心不在焉、想入非非。同学们大都视他为陌路，很少和他往来。很多时候，爱因斯坦都是独来独往，周围人都视他为异类。

有一次，爱因斯坦的父亲和他的班主任聊天，他随口问老师，自己的儿子将来应该从事什么职业，这位老师竟然直言不讳地说，干什么都一样，因为我们一致认为，你的儿子长大后不会有什么成就的！这一番话，深深刺痛了爱因斯坦父亲的心，他多么希望儿子能够学习进步，出类拔萃，让他骄傲啊！这些话，也同样伤害了单纯的爱因斯坦，他在心里默默地发誓，一定要努力学习，一定要做出成绩，一定要为父亲增光。

当时的德国，军国主义思潮像洪水一样，四处泛滥。帝国的军人在大街上昂首挺胸，耀武扬威，整齐划一，把帝国视为生命。他们把学生当做机器，让学生以服从为天职，单调地重复教科书上的教条，学习的兴趣，求知的快乐，全部被抛弃到一边。

有一次，在大街上，爱因斯坦与父母一起看阅兵，士兵们排着整齐的队伍，两眼盯住一点，膝盖绷得笔直，双臂摆成直角，鼓声咚咚，军号嘹亮，皮靴与尖刀在阳光下闪闪发亮。围观的人群在路边欢呼，同龄的孩子跟在队伍后面，手里挥动着小旗，学着士兵的模样，盲目地模仿与崇拜。爱因斯坦却惊呆了，一个庞大的方队，竟如同一台机器一样，动作单调而整齐，所有的人脸上同一个表情，没有思想，没有意志，活生生的人，竟然变成战争的工具，让他感觉军国主义教育方式的黑暗与可怖。

1895年，爱因斯坦16岁，根据德国当时的法律，男孩只有在17岁以前离开德国，才可以不必服兵役。由于对军国主义深恶痛绝，独自待在军营般的学校又忍无可忍，爱因斯坦没有同任何人商量，私自决定离开德国，去意大利与父母团聚。但是，半途退学，拿不到文凭怎么办？忠厚单纯的爱因斯坦竟想出一个自以为不错的点子。他先请数学老师开了张证明，说他数学成绩优异，已达到大学水平。又从医生那里弄来一张诊断证明，说他神经衰弱，需要回家静养。他以为有这两个证明，就可以逃之夭夭了。谁知，还没提出申请，就被教导主任发现了，以败坏班风、不守校规为由勒令其退学。后来，每提及这件事，爱因斯坦都为此感到羞愧和内疚，或许因为这种事情与他坦率真诚的个性相去甚远。

离开慕尼黑，爱因斯坦没有愁绪，没有伤感，有的只是冲出牢笼的畅快，打开枷锁的自由。1895年，爱因斯坦怀着解放的心情投入到意大利的怀抱。在意大利，青山绿水，白云飘飘，一望无际的碧绿的牧场上，牛羊悠闲地吃草，这一切，都让爱因斯坦感觉赏心悦目，清新自在，无比畅快。

过了几天，父母忧虑地告诉爱因斯坦，他不能在米兰上学，因为米兰的德语学校只收13岁以下的学生。爱因斯坦没有理会，只是尽情享受着逃离中学的自由与欢乐。一个酷爱书籍的孩子，成了游离在中学校园的“浪子”。他一会儿躺在草地上，静静阅读诗歌，一会儿又在米兰城里东游西转，或去博物馆欣赏米开朗琪罗的绘画和雕塑。在城里游玩腻了，就独自徒步漫游，他越过亚平宁山脉，来到濒临地中海的热那亚。一路上，尽情享受着南方的阳光和绚丽的景色，感觉生活充满色彩和活力。

可是，闲散在家终究是不行的。父亲的事业每况愈下，且无收益，无法维持正常的生活。他不断提醒儿子，家里已经入不敷出了，要他尽快找到一个技师的职业。但对于爱因斯坦来说，数学和物理正深深吸引着他，如何使这种志愿同实践相结合呢？爱因斯坦陷入苦恼之中，不得不接受家人的忠告。没有中学文凭很难进入大学，当时，只有一个办法，那就是越过阿尔卑斯山，进入瑞士苏黎世的联邦工业大学，这个大学在中欧享有很高的声誉，18岁以上同等学力的学生就能报考。但是，当时爱因斯坦只有16岁，怎么办呢？

1895年秋天，爱因斯坦登上了开往苏黎世的列车。通过母亲找人联系，爱因斯坦获准参加联邦工业大学的入学考试，考试科目有数学、化学、德文、法文、图画、政治史、文学史、生物学、物理学、图形几何学，外加一篇文章，结果他落选了。那些需要记忆的课程，他都考得一塌糊涂，只有数学和物理考得相当出色，这引起了学校的关注。校长惜才，非常欣赏爱因斯坦的才华，并送给他一个善意的忠告，要他在瑞士的中学毕业后，再来投考，同时向他推荐了州立中学。但爱因斯坦不想再回到中学，因为慕尼黑中学生活在他心里留下了重重的阴影。

爱因斯坦怀着懊丧的心情，来到离苏黎世不远的阿劳镇上，寄住在温特勒家里。温特勒是阿劳中学的教师，不仅知识渊博，而且深谙教育心理学。他带着爱因斯坦在学校散步参观，并让妻子和孩子都与他交上了朋友。很快，爱因斯坦在温特勒的家里找到了温暖。

在阿劳中学，温特勒教德文和历史，他学识渊博，纯朴热情，采集鸟类标本是他的业余爱好，他经常带着学生们到山里，采集动植物标本，让孩子们在轻松快乐中感受教学。爱因斯坦与温特勒朝夕相处，逐渐成为好朋友。在温特勒的影响下，爱因斯坦变了，他对生活的热爱、青春的朝气和活力迸发出来。那个曾经胆怯不语的少年，逐渐变成笑声爽朗、步伐坚定、情绪激昂的年轻人。他浓密的黑色卷发下面，那双棕色的大眼睛里，时常带着嘲笑的神色，早年的腼腆消失殆尽。

居住在温特勒教授的家里，爱因斯坦不知不觉爱上了他的女儿玛丽·温特勒，他喜欢玛丽的文静温柔，开朗乐观，两人经常一起学习，一起散步，一起聊天。共同的学习和兴趣，拉近了两个人之间的距离，他们彼此相爱了。

半年之后，或许是为了控制情感，或许是理智的选择，爱因斯坦突然决定结束这场初恋，为此，他还特意写了一封信给玛丽的母亲，向她表示歉意。但这件事并没有影响他和温特勒一家的友好关系，玛丽的母亲也没有责怪他。后来，单纯的玛丽在得知爱因斯坦和他的大学同学结婚后，嫁给了一个钟表厂的经理。

或许是受初恋的影响，或许是对文化课不感兴趣，有一段时期，爱因斯坦不认真学习文化课，而是把全部精力都用在课外阅读和实验室里，老师们见他不好好学习，只是一味地阅读和学习无关的书，做那些和学习无关的实验，感到非常不满和生气，甚至认为他不务正业。

好多时候，爱因斯坦还特别贪玩，经常和伙伴们到河边去钓鱼，他的父母常常为此担忧，他们再三告诫儿子要收敛，然而不起任何作用。

在他16岁的那年秋天，一天上午，父亲将正要去河边钓鱼的爱因斯坦拦住，给他讲了一个故事，正是这个故事，让爱因斯坦改变了贪玩的毛病，也改变了他的一生，从此开始用心学习。

故事是这样的：有一天，父亲和邻居杰克叔叔一起去清扫工厂里的大烟囱，杰克叔叔在前，父亲在后，一起攀着钢筋的旋梯，爬上了高高的大烟囱，等到爬出来时，杰克叔叔满面灰尘，父亲身上一点烟灰也没有，但他担心自己也像杰克那样，就到附近小河里冲洗干净，而杰克叔叔，以为自己和爱因斯坦的父亲一样干净呢，就悠闲地走到街上，结果，被大街上的人看到，个个笑痛了肚子。

听到这个故事，爱因斯坦忍不住也和父亲一起大笑起来。笑过之后，父亲郑重地对他说，其实，别人谁也不能做你的镜子，只有自己才是自己的镜子。拿别人做镜子，或许只有白痴才能把自己照成天才。爱因斯坦听了，顿时满脸羞愧。从此，爱因斯坦远离了那群顽皮的孩子，他时时用自己做镜子来审视和映照自己，终于映照出生命中的熠熠光辉。

在阿劳的生活，更坚定了爱因斯坦不做德国人的决心。在慕尼黑时，他就曾向父亲提出放弃德国国籍。一个孩子，要放弃本国的国籍，是一件不可思议的事情。现在，爱因斯坦再次恳求父亲支持他，答应他的要求。父亲性情随和，经不住儿子的一再恳求，就向当局写了申请。1896年2月，爱因斯坦正式退出德国国籍，不再是德国公民，考上瑞士联邦工业大学之时，他便成为一个没有国籍的大学生。

短暂的阿劳学习生涯，是爱因斯坦物理学研究的开端。事实证明，在一所不受陈规陋习束缚的、由进步人士领导的学校，教学会成为有趣且吸引人的职业。

1896年，爱因斯坦在阿劳中学顺利拿到了毕业证。在这一年，16岁的爱因斯坦写下第一篇物理学研究论文《关于磁场的以太状态的研究》，这篇论文，虽然题目惊人，但是内容相对简单，这是相对论创立者独立迈出探索的第一步。

未来的物理学大师从此起步，朝向他心中的物理学圣域，执著前行。

2. 不守规矩的大学生

1896年至1900年，爱因斯坦在苏黎世工业大学教育系就读，并在此生活了4年。其实，这个教育系应称为物理—数学系，专门培养物理、数学教师。像大多数充满好奇心的大学新生一样，爱因斯坦的选修课程也是五花八门，从日晷投影、瑞士政治制度到歌德作品选读，样样都有，但他很少去听数学和物理学的授课。

教授物理学的韦伯是一位杰出的电工学家，但在物理学方面，他讲授的内容，爱因斯坦早已谙熟。他宁可独自攻读物理学大师麦克斯韦、基尔霍夫、波尔茨曼和赫兹等的著作，也不愿坐在教室里听课。

在大学期间，爱因斯坦对他钟爱的数学也改变了看法。数学分支太多太细，每一个小分支都可以消耗一个人的终生。他发现，在物理学中，特别是在理论物理学中，很容易找到本质的东西。只要沉下心来钻研，自然的奥秘就会呈现在眼前。

在苏黎世大学，胡尔维茨和明可夫斯基这样杰出教授的数学课，同样也没有引起爱因斯坦的学习兴趣。明可夫斯基，这位未来的相对论数学工具的创立者，在自己的课堂上，并没有看出相对论未来的创造者。当相对论出现的时候，明可夫斯基才惊讶地发现，这个相对论的创立者，竟是那个不守校规经常无故旷课的学生。

在这期间，爱因斯坦在认真地思索以太。这个以太，来无影，去无踪，怎样才能证明它的存在呢？它没有重量，又无所不在，渺茫的太空就是以太的海洋，地球就像一只小船，在以太的海洋里缓缓航行。爱因斯坦苦苦思索，要是能研究一个仪器，用来度量地球在以太海洋里的航行速度，不就能够证明以太的存在了吗？于是，他整天泡在物理实验室里，百般探讨研究，最终设计出一个测量仪器。

一天，爱因斯坦兴奋地把仪器图纸拿给韦伯教授看，他希望得到教授的认可和称赞，但他看到的却是教授礼貌的一笑，无言的摇头，缓缓离开的背影。的确，面对这个不愿上课经常旷课，只是喜欢独自研究探索的另类学生，教授又能说些什么呢？

看着教授摇头走远，爱因斯坦笑了起来。爱因斯坦就是这样，他待人真诚，不懂客套。如果你说得对，他会当场赞同；如果你说得不对，他会立即打断你的讲话，不管你是有名的教授，还是无名的俗人，也不管你是否难堪，反驳得意时，甚至会忍不住笑出声来。但一看到对方的窘相，他就会戛然而止，露出比对方更窘的歉意。这就是爱因斯坦，真诚与善良是他的天性。

由于经常旷课，每次考试，爱因斯坦都提心吊胆。幸好，他的同班同学格罗斯曼学习出色，每到考试前，爱因斯坦就向他借笔记，这些笔记可以让他顺利过关。后来，在广义相对论的研究中，爱因斯坦吸收他参加了数学工具的制订工作。

爱因斯坦的科学研究，在守旧的教授那里，被视为离经叛道和胡思乱想。在他们的眼里，爱因斯坦是个令人头痛的学生，能否毕业都成问题，怎么能够研究出来科学成果呢。有一次，上实验课，教授照例发给每个学生一张纸条，上面清楚写着操作步骤。爱因斯坦自负地接过纸条揉成一团，随手扔进废纸篓里，他有自己的一套操作步骤。同学们按照教授的指示进行着操作，爱因斯坦只是按着自己的步骤操作，却“轰”的一声引起爆炸，弄伤了自己，也吓坏了教授和同学。下课后，教授气愤地向系里报告，坚决要求处分这个不听管理、不守规矩的学生。

在教授的思维里，一个极其固执不循规蹈矩的人绝对进不了物理学的殿堂。历史得感谢爱因斯坦的固执和执著，他不理会任何人的劝解，不听从任何人的忠告，只是埋头走他自己的路，刻苦攻读科研著作，置身于自己的追求和科研之中，从不为任何阻挠、嘲笑而退缩。

3. 坠入爱河

在苏黎世，就像在瑞士其他城市一样，聚集了许多不同种族的大学生和侨民，还有因民族压迫和阶级限制而离开祖国的青年。在大学生中，许多人并不是革命者，但几乎都是民主思想的拥护者，可以说，苏黎世工业大学是一个具有政治和科学热情环境的大学。

在大学里，爱因斯坦和许多大学生接近，其中，有一位名叫米列娃·玛利奇的塞尔维亚姑娘，来自奥匈帝国，是一个心高气傲、决心在男性职业领域里打拼的另类女生，也正是因为这一点，深深吸引了爱因斯坦，使他一度认为米列娃是他将物理学和爱情完美结合的理想人选。

米列娃的才貌并不出众，她性格内向、文静沉稳、沉默寡言，腿还有些跛，而且比爱因斯坦还大了三岁，虽然没有

出众的才华，但聪明好学、善解人意，尤其对一些物理学著作很感兴趣，逐渐拉近了与爱因斯坦的距离。

19世纪末，女大学生堪称凤毛麟角。米列娃刚到苏黎世时，曾报名学医，但后来又改学数学和物理学。当时，她与爱因斯坦是同班同学，她非常欣赏他的倔强个性，喜欢他的睿智博学，面对爱因斯坦，她喜欢一言不发，做一名忠实的观众，听他滔滔不绝讲述一些物理学观点。

当时，还未出名、情感孤独、思想激辩、心智尚未完全成熟的爱因斯坦，在科学探索的道路上，始终踽踽独行，他太需要一个听众，太需要有人关注，太需要有人倾听，太需要有人理解与支持。两人思想契合，不断走近，年轻的心，萌发出情感的嫩芽，互相爱慕，双双坠入爱河。

米列娃与爱因斯坦相爱后，两人形影不离，经常在一起学习，一起散步，一起讨论科学问题，也常常在阳光灿烂的日子里到湖中泛舟，到阿尔卑斯山上徒步旅行，狂热的爱情使两人荒疏了学业，他们的关系也受到了双方家庭的强烈反对。1900年，爱因斯坦的考试成绩平平，勉强通过，而米列娃却未能通过。

尽管家里反对，爱因斯坦毕业后又找不到工作，但他对待米列娃的态度并没有改变。爱因斯坦毕业后所面临的艰难的两年，对于米列娃来说，更是双倍的艰难。1901年，她在瑞士的第二次毕业考试没有通过，意味着她将永远不可能获得学位，而更糟糕的是，此时，她竟然发现自己怀孕了。

米列娃深爱着爱因斯坦，她没有听从任何人的建议和劝告，甚至没有和爱因斯坦商量，毅然回到父母身边，生下了一个女孩儿。

4. 咖啡馆里的辩论与探索

在苏黎世，一个名叫“都会”的咖啡馆，是爱因斯坦与格罗斯曼等好朋友常去的地方。在那里，他们边喝咖啡边交谈，从科学到哲学，从艺术到人生，年轻人所看到的、所感兴趣的一切，他们都无所不谈。当然，谈得最多的是物理学。

在咖啡馆里，爱因斯坦的意大利同学贝索，一位马赫的信徒，极力推荐他读马赫的著作。贝索认为，牛顿在他的《自然哲学的数学原理》中说，时间是绝对的，空间也是绝对的。绝对的意思就是和一切事物都没有关系，既然时间、空间和任何事物都没有关系，也就无法知道时间和空间的存在。

爱因斯坦却认为，牛顿把这个归结为神的意志，康德把神意视为先验，而空间与时间的概念又是先验的，要用经验来检验绝对空间和时间的存在。20岁的爱因斯坦，握住马赫这把批判的剑，准备向有200多年历史的牛顿力学挑战。

在爱因斯坦的意识里，假如真有所谓的开始，那么一开始，上帝创造了牛顿运动定律以及质量和力，这就是一切。其余一切，都可以用演绎法，根据适当的数学方法推演出来。当时，普遍认为大自然是一座庞大的钟表，制造出来后，一上好发条，就按照内在的规律运转起来，严格的自然规律，决定了每个物质粒子在每一时刻的命运。

在那个年代，所有的物理学家都把古典力学看做是全部物理学，乃至所有自然科学的牢固基础，这种观点从伽利略、笛卡尔和牛顿时代开始，就被证明是正确的，而且得到极大发展。

1886年，奥地利物理学家、哲学家马赫在《发展的力学，历史的批判》中做了详尽论述。同时，恩格斯在《自然辩证法》中，谈到了机械自然观的局限性，不过都未引起重视。直到20世纪70年代末，大多数物理学家仍然确信自然科学应以机械论作为基础，这是正确的，不可改变的。90年代，伦琴发现了X射线，机械自然观在一系列重大发现的冲击下，才土崩瓦解。

1900年，普朗克发现热辐射具有原子和量子结构，这个发现动摇了旧世界大厦的地基。由马赫发起的对旧物理学的冲击波，直接影响了爱因斯坦物理学新思想的形成。

苏黎世工业大学的4年生活，在爱因斯坦的一生中留下了深刻的印象。他没有像其他同学一样遵守秩序，把课堂上讲解的内容记录下来，并自觉做好作业。他自由自在地生活，安排自己去学习那些感兴趣的东西，有选择性地去听某些课，并以极大的热忱向理论物理学的大师们学习，尤其是在韦伯教授的物理实验室里工作，为他后来建立广义相对论提供了很大的帮助。

每个周末，他都与同学马尔塞耳·格罗斯曼，相聚在“都会”咖啡馆，他们时而轻松地交谈，时而大声地争论，因此建立了深厚的友谊，这份友谊，让彼此惺惺相惜，并且相伴终生。

5. 在艰难困境中徒步前行

取得伟大成就的科学家，在青年时代，大多在勤奋学习中经历一段艰苦卓绝的生活，爱因斯坦也不例外。他租的那间斗室，在桌椅和床上到处堆满了书，让房东看了叹息摇头。爱因斯坦常常安静地坐在屋里读书，读得两眼昏花，肚子咕咕叫，才到巷子里的小饭馆去随便吃些东西。有时候，读书读到忘记时间，干脆三顿并作两顿，因为，他觉得头脑比肚子更饥饿。

1896年至1900年，在爱因斯坦的学生时期，父亲的工厂倒闭了，没有经济收入，导致家庭生活拮据，只是依靠几个亲戚的资助，勉强度日。直到父亲重新找到一份工作，生活状况才略有好转。

1900年，爱因斯坦通过了毕业考试，拿到了文凭，虽然成绩优异，但未被留在学校，而是步入了漫长的求职道路。为了寻求稳定工作，1901年，他加入了瑞士国籍，因为平足和静脉曲张的原因，没有被征入瑞士联邦军队。在此期间，他在苏黎世联邦观象台做过计算工作，在温特图尔城的职业技术学校当过教师，在莱茵河畔夏富豪森小镇的私立学校担任过补习教师，但终因个性太强而被解雇。

贫困和屈辱，并没有使爱因斯坦停滞不前。他不自怨自艾，也不乞求怜悯，他把痛苦咽到肚里，用微笑和幽默排遣忧愁，他常常自我解嘲地说，实在找不到合适的工作，我最后还有一条出路呢，我可以拿起小提琴挨家挨户去演奏，这总能挣到几个钱吧！

艰难困境并没有使爱因斯坦放弃对物理学的热爱，反而更激起他向科学殿堂发起冲击的力量和勇气。1900年，爱因斯坦完成了第一篇科学论文，是关于分子间相互作用力的研究，题为《由毛细血管现象所得到的推论》。当阿尔伯特·爱因斯坦的名字第一次端端正正印在权威的物理学杂志上，给他带来些许安慰。

历尽挫折，终见阳光，这份温暖，让爱因斯坦心中升起一缕光明。

Chapter 3

ALBERT 第三章 加入瑞士国籍

EINSTEIN

1. 三个人的奥林比亚科学院

希望在哪里？格罗斯曼，向爱因斯坦投来了希望之光。

在爱因斯坦大学毕业之后，格罗斯曼向瑞士专利局进行推荐，使他得以在专利局宽松的工作环境下从事科学研究，爱因斯坦深深感谢格罗斯曼。

当时，格罗斯曼刚当上助教，还没有能力替爱因斯坦在大学里谋一席教职。但是，他把爱因斯坦的窘迫处境告诉了父亲。老格罗斯曼请自己的好朋友、伯尔尼专利局局长哈勒帮忙。哈勒局长胸襟开阔，办事果断，说到做到。1901年12月，他在报上登出了专利局征聘工程师的启事，爱因斯坦按照约定前去应征。交谈之中，爱因斯坦对新事物的敏锐反应和判断力，引起了哈勒局长的注意，两人一见如故，谈起了物理学，并从牛顿谈到麦克斯韦，相谈甚欢，他决定录用爱因斯坦，未来的物理学大师终于站在了辉煌的起点。

待职期间，爱因斯坦在一幢破旧的小房子里住了下来，为了糊口，他决定当家庭教师。一个学生曾这样描述他的样子：身高约 5 英尺10英寸，肩膀宽阔，背有些前倾，棕色皮肤，唇形美观，上唇蓄着一抹胡须，棕色眼睛，鹰钩鼻，目光明亮犀利，语言欢快幽默，略带德语口音。

1902年3月，一个学生结识了爱因斯坦，他就是莫里斯·索洛文，罗马尼亚人，他到苏黎世上大学，希望得到深造，加深物理学知识，在这里，他与爱因斯坦相识，并结下了终身友谊。他们的观点和兴趣出奇地一致，经常待在一起，彼此长时间的讨论代替了上课，私人授课也变成了聚会、读书、辩论、探索和研究。

几个星期后，哈比希特也来参加他们的讨论。通常他们都在工作之余和课后见面，在一起散步，或到谁的住所聚会，一起座谈或阅读。他们共同研究过《科学的哲学经验》、《论作为几何学基础的假设》、《科学的假设》等科学论著，以及《圣诞节的故事》、《堂·吉诃德》等世界文学作品。他们经常就某一句话、某一论点进行争论，有时，持续到深夜，有时，接连几天聚在一起，讨论问题或用餐。团结、友爱、共同的兴趣和思想，使三人心心相印，他们干脆为三人世界起了个名字：奥林比亚科学院。

三个人的科学院组成不久，又增加了两个成员，一个是爱因斯坦的意大利同事、工程师贝索，一个是爱因斯坦的妹夫鲍利·温德勒。在伯尔尼，他们一起工作，一起下班，一起聚餐，一起探讨各种新思想新发现。爱因斯坦曾说，贝索是他在全欧洲都找不到的思想共鸣者。而贝索评价爱因斯坦，他把爱因斯坦喻为雄鹰，在他心里，是这只雄鹰把麻雀引领到了辽阔的高空，看到了一生之中最美的风景。

在奥林比亚科学院，激烈争辩过后，有时也放松去散步，在途中继续讨论，他们曾经徒步走到20公里外的图恩城，甚至还在午夜攀登过伯尔尼南面的古尔腾山，在山顶上争论地球的历史、山脉的形成、地质学的问题，一直争论到天明。更多的时候，停下争辩，大家围坐在一起，听爱因斯坦演奏小提琴曲，感受音乐的魅力，在美妙的旋律中探索新的论点。

那段时期，爱因斯坦每天都沉浸在深深的思考中，说话语调缓慢，反应迟钝，对周围的一切都视而不见，发生好多奇闻趣事。爱因斯坦生日那一天，索洛文和哈比希特打算去他家吃晚饭，顺便带去了爱因斯坦一直想吃的鱼子酱。席间，大家畅谈着惯性原理的话题，爱因斯坦一边滔滔不绝地评论，一边大口吃着鱼子酱，待到吃光一盒鱼子酱，大家问他刚才吃的是什么，爱因斯坦说不知道，没有尝到什么味道，并且连连惋惜，直到吃光也没尝出鱼子酱的味道，他请大家以后再也不要请他品尝任何山珍海味了，因为他尝不出什么味道，那样显得有些浪费。爱因斯坦一番自嘲的幽默，引得朋友们开怀大笑。

还有一次，捷克交响乐队到伯尔尼举行音乐会，索洛文提议一起去听音乐会。那些天，他们正在津津有味研读休谟的书，按照爱因斯坦的提议，他们决定放弃音乐会。第二天，索洛文弄到一张票，他不想错过这次难得的音乐会，于是，他煮好鸡蛋作为大家的晚餐，留下一张便条，表示歉意，便独自去听音乐会了。爱因斯坦和哈比希特回来，读了便条吃完煮鸡蛋，在房间里抽够了烟才走，走时也留下一张便条，请索洛文回来品尝浓烟。第三天，大家见面时，还没等走近，就嘻嘻哈哈笑成一团，笑闹中彼此指责一阵，然后又一起坐下来，开心地研读休谟。

1905年，哈比希特和索洛文先后离开伯尔尼，奥林比亚科学院也随之解散，但那些光辉灿烂的日子，成为彼此心中永久的记忆，难忘的回味。

2. 应聘伯尔尼专利局

1902年，爱因斯坦正式得到伯尔尼专利局的任命，聘他为三级专家，年薪3500法郎。爱因斯坦应聘二级工程师，结果降为三级，但这对他无关紧要，重要的是，他终于有了一个固定的工作，不必再为生活奔波，并且可以在工作之余，专心致志研究他心爱的物理学了。

爱因斯坦每天上午步行到专利局，走上四楼，坐在他那间狭长的办公室里，工作 8 个小时。当时，专利局里使用的是一种长腿坐椅，那些审查专利的工程师和专家们养成了一个习惯，就是在工作时，习惯把坐椅往后一仰，双腿放到桌子上，悠闲地审查图纸。爱因斯坦并不喜欢这样，他喜欢聚精会神地伏案工作。一天，他从家里带来一把锯子，一声不响地把椅子腿锯掉了一截，这样，他就可以按照自己的习惯，埋身在桌上的图纸中了。

在专利局，爱因斯坦很快就融入其中，赢得了大家的喜爱。一天，一个年轻同事和他交谈，要他说出成功的秘诀。爱因斯坦莞尔一笑，信笔写下这样一个公式：并解释说，在这个公式中，A代表成功，X代表勤奋，Y代表正确的方法，Z代表务必少说空话。这一问一答，在当时的伯尔尼传为佳话。

$A=X+Y+Z$，这一个伟大的公式，也随之闻名于世。许多年来，爱因斯坦这个神奇的成功等式，一直被人们传颂着。从爱因斯坦的奋斗历程中，不难看出，正是勤奋、正确的方法和少说空话，才使爱因斯坦由笨头笨脑的呆子变为举世瞩目的科学巨人。

有一次，一个喜欢和人吵架的同事在和人争吵过后，来找爱因斯坦评理。爱因斯坦听他说话的火药味儿浓得很，大有一触即发之势，便笑呵呵地拿起心爱的小提琴，要给这位同事拉上一曲韩德尔。同事一听这熟悉的曲子，就忍不住笑了，因为，德国古典作曲家韩德尔的名字，在德语中就是吵架的意思。

这位幽默诙谐的三级专家，坐在伯尔尼四楼的办公室里，每天审查着一份份专利申请。工作中，他严格按照要求，提出一针见血的意见，并写出精确的鉴定。

当时，正是人类发明欲望极为强烈的时代，专业和业余发明家，工人、农民和大学生，都在开动脑筋搞发明，都想取得专利权。爱因斯坦严肃审视着五花八门的新发明，凭借敏锐的直觉，很快就能从复杂的图纸中提炼本质，一天的工作，往往不到半天就能完成。在这种宽松的工作环境下，爱因斯坦得以继续研究他的物理学课题。

3. 爱情的力量

在定居伯尔尼之前，爱因斯坦就想和米列娃结婚，但苦于没有工作和房子。有了稳定职业后，爱因斯坦就在单位附近租了一套便宜的住房，他想拥有一个温暖的家。

爱因斯坦的父母并不支持儿子的决定，他们极力反对这门婚事。1902年，爱因斯坦的父亲患了心脏病，他回到米兰，去照顾父亲，躺在病床上的父亲，在临终之际，终于同意了儿子的婚事。爱因斯坦的母亲对米列娃始终没有认可，在想尽一切办法也没能阻止两人结合的情况下，她还曾经给米列娃的父母写过一封信，指责米列娃的父母放任女儿，让她的儿子爱因斯坦误入了歧途。

那封指责信，是米列娃在娘家待产的时候收到的，可想而知，她当时的愤怒情绪。这封信，在一定程度上，影响了两家人的和谐相处，更严重地导致了婆媳关系恶化。米列娃在1902年生下的女儿，由于先天不健全，出生没有几个月，女孩儿就去世了，爱因斯坦甚至都没能见上一面。

1903年1月6日，爱因斯坦和米列娃正式结婚。婚礼十分简单，只是邀请亲朋好友，欢聚在一起，并请索洛文和哈比希特来证婚。

在婚礼当天，擅长遗忘的爱因斯坦，还闹出了让人忍俊

不禁的笑话。原来，在喜宴结束之后，新郎新娘手牵手，兴高采烈地往回走，一直走到家门口，这个才学盖世的新郎才想起家门钥匙被他忘记带了。于是，只好让新娘站在门口，新郎急匆匆地跑回去寻找。幸好米列娃了解自己的丈夫，忘带钥匙是他的老毛病，在苏黎世上大学的时候，爱因斯坦就常常在半夜三更站在门口，压低嗓音叫醒房东太太起来为他开门。米列娃只是没有想到，在两人结婚这么重要的一天，爱因斯坦还会忘记带钥匙，真是让她哭笑不得。

为了与爱因斯坦生活在一起，全心全意照顾他，米列娃放弃了自己的学业和事业。婚后，她把心思完全放在了丈夫身上，尽一切努力体贴照顾着爱因斯坦。她包揽了全部家务，把家里收拾得一尘不染，为了补贴家用，她还创办了一个大学生家庭旅馆。1904年，他们的儿子汉斯出生，为爱因斯坦带来了温暖与快乐，也带来了沉重的经济负担。

这个年轻的父亲，常常左手抱着儿子，右手做着计算，他一心沉浸在科学研究的领域，听不见孩子的啼哭声，在他的世界里，只有独立的思索和孤立的自己。平日里，经常因为没有看护好孩子，而招来妻子米列娃的抱怨。

这个专利局的小公务员，常常推着一部婴儿车，在伯尔尼的马路上散步。他迈着缓慢的步子，从不和人打招呼，总是一副若有所思的样子，一路走走停停，不时从口袋里掏出纸和笔，写下数字和公式，再继续向前走，一边看护孩子，一边进行思索。

这个天才的年轻人，头脑里激荡着实验、假设、公式和定律，眼中闪烁着异样的光彩，那一个个奇妙的数学符号，凑在一起构成一个多彩的世界。他是一个艺术家，审视自然的奥秘，陶醉在美丽和谐的自然世界里；他是一个勇士，执著无畏地向前，面向他心中茫茫的未知世界；他也是一个劳动者，那一张张演算的草稿纸，足足可以堆积成一座小山。

这个年轻人，哪里像一个名副其实的物理学家呢？他没有受过名师的教诲，更没有科学研究必备的专业资料。可是，他有勇气、有决心、有毅力，命运赋予他解决物理学中最困难的“以太之谜”。这个难解的谜，困惑了世间多少物理学家。现在，这个26岁的小公务员，在爱情力量的推动下，披挂上阵，奔赴这个世界之谜。

“以太之谜”，可以说，在爱因斯坦的心中酝酿了10年之久，多少次，他如坠黑暗，又恍惚突见光明，但始终没有破解这个难题。他常常拖着疲乏而又绝望的脚步，走在下班回家的路上，到了晚上，躺在床上辗转反侧，深夜难眠，置身在无边的黑暗中苦苦地思索，却不得结果。

一天，他在床上翻来覆去，一直思索到天明，黎明时分，一丝霞光透过窗帘，划破黑暗，照进屋子，火红的太阳缓缓升起的那一刻，他心中的太阳也随之升起，黑暗与光明交替的瞬间，让爱因斯坦终于找到了解开“以太之谜”的金钥匙。就像山溪，被巨石拦住去路，最终冲破巨石一样，一泻千里。爱因斯坦终于思绪打开，奋笔疾书，5 个星期以后，写成了论文《论动体的电动力学》。

1905年，是爱因斯坦的收获之年，在这一年，他先后发表了关于光量子说、分子大小测定法、布朗运动理论和狭义相对论等6篇重要论文，在三个领域做出了四个具有划时代意义的贡献，在科学史上创造了一个史无前例的奇迹。

当爱因斯坦提出狭义相对论之后，大多数人持怀疑态度，不少有名的学者公然抨击爱因斯坦及其学说。米列娃理解丈夫的事业，相信丈夫的事业是伟大的，她始终坚定地站在爱因斯坦的背后，鼓励并支持着丈夫，让爱因斯坦一心扑在科研事业上，取得了卓越的成就。

1905年，爱因斯坦科学研究的突破性成就，可以说是“石破天惊，前无古人”，在物理学发展史上写下了浓墨重彩的一笔，拨散了笼罩在“物理学晴空上的乌云”，迎来了物理学更加光辉灿烂的新纪元。

chapter 4

ALBERT 第四章　学术生涯

EINSTEIN

1. 跻身学术界

在伯尔尼里，爱因斯坦取得的科研成果，就像一道闪电划破了时代的夜空。

1905年，对于爱因斯坦来说，是硕果累累的一年；对于物理学史来说，则是革命性的一年，因为诞生了让世界为之侧目的相对论。

这一年，在莱比锡出版的《物理学纪事》杂志上，相继刊登了三篇论文，第一篇是讨论布朗运动的，用最有力的证据证明了分子的存在，在物理学史上占有光辉的一页；第二篇是发展普朗克的量子论，提出了光量子假设，获得了科学界的最高奖赏——诺贝尔物理学奖金；第三篇就是《论动体的电动力学》，这是相对论的首篇论文，开创了物理学的新纪元。这三篇论文的作者都是阿尔伯特·爱因斯坦，这个名字和著名的科学家牛顿比肩并列，引起世人侧目。

一个26岁的青年人，一个在伯尔尼专利局默默无闻工作的小职员，利用业余时间进行科学研究，在物理学三个未知领域里，齐头并进，并且取得如此成果，在科学史上，不能不说是一个奇迹。

当时的爱因斯坦，被人们誉为天才，似乎只有这样，才能解释清楚那些科研成果。但爱因斯坦并不这么看，他认为自己从小发育迟缓，没有什么才能，只是喜欢寻根刨底地追究问题，揣摩问题，结果就比别人钻研得深一些罢了。

不管怎么说，爱因斯坦是物理学史上当之无愧的革命者。牛顿继承哥白尼、伽利略和开普勒，完成了物理学的第一次革命，创立了牛顿力学。法拉第和麦克斯韦完成了物理学的第二次革命，创立了电磁场理论。爱因斯坦作为新一代的物理学家，则进行了物理学的第三次革命，创立了相对论和量子力学。

从时间顺序看，爱因斯坦最早的研究是分子物理学。他关于热运动的研究，是用统计方法分析原子和分子运动，研究运动和热之间的关系。在这方面，爱因斯坦超过了奥地利天才物理学家玻尔兹曼和美国科学家吉布斯的研究成果，他在物理学方面的探索深度胜过数学的论证。同时，在玻尔兹曼的思想引导下，他把概率作为热学的数学演算基础。

这位年轻的物理学研究家，就是想借助可靠的结果，为他笃信的原子论的正确性提供论据，因为当时原子论还处在争论之中，许多人否定分子和原子的存在。但爱因斯坦坚信，世界是物质的，原子和由原子组成的分子是存在的，并且开始研究分子运动论。

坐在专利局的办公室里，爱因斯坦开始研究布朗运动。1827年，英国植物学家布朗在显微镜下观察，发现在液滴中浸泡的花粉粒子在不停地做不规则的运动。后来，这种粒子的乱动被称之为“布朗运动”。几十年来，无数学者为解释这种现象的奥秘，做了种种努力，但没有任何实验来证明。爱因斯坦在《分子热运动论所要求的平静液体中悬浮粒子的运动》论文中，用统计方法，解释了这种现象。1908年，法国物理学家佩兰通过实验证实了“布朗运动的爱因斯坦定律”，并荣获了1926年的诺贝尔奖。

爱因斯坦对于热运动的研究，不仅对专业学科十分重要，还对认识论有重大意义。它说明，否定和怀疑原子论是没有道理的，爱因斯坦对分子观念的证明是令人信服的，以致马赫也声称改信原子学说了。

爱因斯坦在光学理论方面的研究，与取得的研究成果是分不开的，光学研究工作，一开始就具有革命性，意味着科学发展史上的一次飞跃。

1905年，爱因斯坦的第一篇著作《有关光的产生和转化的一个试探性观点》问世。在以后的几年中，他还发表了几篇有关量子物理学的论文。在光的新理论中，爱因斯坦以普朗克在1900年提出的假设为基础，认为在热辐射过程中能量的放出和吸收都是以不连续方式来进行的。19世纪初，这一学说战胜了牛顿的微粒说。后来，麦克斯韦和赫兹还在实验和理论上证实了这个学说。

爱因斯坦从不保守，他也很少顾及权威和因袭的教条，他向前迈出了勇敢的一步。他用啤酒作比喻，生动地解释过光子假说和普朗克理论的相互关系：如果啤酒总是装在可容一品脱的瓶子里出售，由此完全得不出，啤酒是由等于一品脱的不可分割的部分所组成的结论。又用这个结论研究电磁波，解答了这个问题。爱因斯坦的光量子学说，以最简练的方式阐明了

“光电效应”，这种效应的基础是光与电子之间进行能量交换。10年之后，美国实验物理学家密立根的研究证明，爱因斯坦对于光电效应的解释是正确的。

光量子假说在学术上具有划时代的意义，是整个原子物理学进一步发展的基础，在哲学上具有两点重要意义：一是证明了普朗克在热辐射问题上发现的量子现象并非是辐射现象所特有，而在一般物理过程中都有的表现；二是揭示了光的两重性。

爱因斯坦关于光的新理论，究竟超过他同时代自然科学家的思想境界有多远，从1913年柏林一流的物理学家们的评论中可以一目了然。当爱因斯坦被任命为柏林科学院院士时，他们在赞扬他科学研究的多种成就后，特别肯定了他的光量子假说。

人们一致认为，爱因斯坦是“相对论之父”，爱因斯坦对这个称谓常常感到遗憾，相对论无疑是他最重要的成就，而他，有关热运动、光量子理论和固体比热等问题的研究，对于自然科学的进一步发展也起到了极其重要的推助作用。相对论的研究，远远超出哲学思想的范畴，它引起了一场最激烈的争论，也正是相对论，让爱因斯坦誉满天下，闻名于世。

对于爱因斯坦在相对论中研究的问题，当时物理界的看法如何呢？19世纪，先是光学的机械理论居于统治地位。这种理论认为，光是一种称之为“光以太”或简称“以太”的弹性介质的波动。“以太”能穿透一切物体，而又不影响物体的运动。但是，事实上，光学研究的新成果愈来愈难以符合机械“以太”假说。

“光以太学说”与牛顿力学所引出的“绝对空间”理论

紧密相连。绝对时间和空间是牛顿力学的根基，然而，牛顿的绝对时间和空间有明显的毛病，既然绝对时间和空间同任何外界事物没有关系，怎样才能知道它们的存在呢？这个问题，牛顿没有办法回答。他只能说，绝对时间和空间是上帝创造的。

19世纪，马赫对牛顿的时空概念作了有力的批判，但还是没有批倒。20世纪初，牛顿巨大的身影仍然君临一切，绝对时间和空间的概念，在物理学家的心里依旧神圣不可侵犯。美国物理学家迈克尔逊曾经做过一个实验，但由于实验装置不够齐全，说服力不够强大，彻底否定了“光以太”的存在。这个结果，使理论物理学家陷入了思维困境，就像是一个无法解开的死结，但被年轻的爱因斯坦以无畏的利剑一下砍断。

在学生时代，爱因斯坦就已经从《自然科学通俗读本》中深知光速的意义，他一直在反复琢磨：倘若一个人以光速跟着光波跑，将会看到什么结果呢？1905年，爱因斯坦提出了相对论，他把作为光波载体的“以太”，从物理学世界中清除了出去。

他的研究结果表明，倘若有一种速度无限大的传递信号，那么在科学上是十分重要的，据此可以建立起相距遥远地方的两个事件的绝对同时性。不过，由于作为最大信号速度的光速是有限的，并且对所有的观察者而言又都是一样的，因而“绝对同时”并没有什么物理意义，也丧失了理论依据。

爱因斯坦的时间学说是崭新的，“无以太物理学”是爱因斯坦思想的成果，在他以前，还没有一位物理学家或哲学家这样彻底研究过同时性，并且得出这样深刻的结论。

爱因斯坦发现，光速在力学和光学中同等重要，根据光速恒定这一事实，引出了相对论的两个著名“佯谬”，引起人们的广泛重视，也是多少年来激烈争论的焦点。其中一个“佯谬”，是快速运动着的一把尺子，它跟静止状态相比，在运动方向上长度缩短了。另一个“佯谬”，是在快速运动参考系中的钟，与静止参考系中的钟相比，它走得慢了。根据这一“佯谬”会得出诸如这样的结果：一个乘坐宇宙飞船长时期在太空遨游的人，当他返回地球时，与一直留在地球上的他的孪生兄弟相比，应该年轻许多。

1905年，爱因斯坦的狭义相对论宣判了机械自然观的“死刑”，这是自然科学史上的一次大变革，也是辩证法在物理学基础上的胜利。爱因斯坦运用辩证思维的冲击力量摧毁了牛顿得出的结论，并为物理学的进一步发展开辟了道路。

爱因斯坦定律的数学公式$E=mc^2$是举世闻名的，它表明能量（E）转换与相应质量（m）的转换是分不开，光速（c）的平方是比例系数，表示质量可以转换为能量。爱因斯坦关于质量和能量等价性的发现，简化了物理守恒定律的内容。

爱因斯坦的科研探索，在此迈出了更加坚实的一步。

2. 苏黎世大学独特的教授

1908年，爱因斯坦的学术生涯开始了。

爱因斯坦在专利局干了一年半，晋升为二级技术员，工资也涨到每年4500法郎。但博士、晋级、涨工资对于爱因斯坦来说，除了养家糊口，没有任何其他意义，他只需要一个可以全身心研究相对论的环境。

当时，了解爱因斯坦和相对论的人，都想知道他是何许人士，又身处在何方，听说他在伯尔尼，便纷纷跑去拜见。劳厄，这个后来也获得诺贝尔奖的物理学家，当时还很年轻，正在作普朗克的助手。刚到柏林大学，普朗克就讲了相对论，他没有听懂，却知道了相对论的重要意义。他打定主意，一放假就去“伯尔尼大学”向爱因斯坦求教，谁知，“伯尔尼大学”里没有爱因斯坦教授，伯尔尼专利局里倒是有一位公务员叫做爱因斯坦，劳厄愣住了。他匆匆赶到专利局，迎面碰上一个年轻人，在走廊里来回踱步，一件格子衬衫，领子半竖着，头发乱得像一蓬乱草，一撇不加修饰的小黑胡子随意横卧在上唇。劳厄向他打听爱因斯坦的下落，没想到，这个梦游般的年轻人笑着说他就是。两人相视一笑，在劳厄心里，相对论的创立者应该就是这样的一个人。于是，一对同龄人，在一家小餐馆里坐下来，饶有兴致地谈聊好久，并且建立了终身的友谊。

劳布到伯尔尼拜会爱因斯坦的情景更有趣。当时，爱因斯坦正跪在地上生煤炉呢，一脸的灰尘，听说劳布前来请教物理学问题，他摊开两只乌黑的手，幽默地说，你看，我曾和人热聊过辐射的问题，可是这个倒霉的炉子，却怎么也辐射不出热来。劳布听了哈哈大笑，两人结识，还未交谈，他就被爱因斯坦的幽默深深地吸引。

1907年，苏黎世联邦工业大学的克莱纳教授写信给爱因斯坦，建议他向伯尔尼大学申请编外讲师的职位，然后再申请苏黎世大学的教授职位。因为按照当时的规定，先要当一段时间没有薪水的编外讲师，才能被任命为教授。

爱因斯坦听从克莱纳教授的建议，向伯尔尼州当局提出申请，同时附上他的博士论文和发表的17篇论文，但申请没有通过。爱因斯坦又向温德都尔技术学校和苏黎世中学提出申请，想以中学为跳板，冲进大学里去，但最终未果。直到1908年，爱因斯坦才被伯尔尼大学所接受，并授予他教课的权利，爱因斯坦终于成为学术界的一员。

当时，爱因斯坦的妹妹玛雅正好来伯尔尼写学位论文，她很想知道哥哥是怎样上课的。她悄悄来到哥哥的教室外面，透过门缝向里张望，让她感到吃惊的是，她只看到四个人在上课：爱因斯坦、两个年轻的大学生和满脸络腮胡子的贝索，他们都没有安分地坐在椅子上，而是特别随便地高坐在课桌上，嘴里还叼着烟斗和雪茄，比手画脚，你一言我一语，争论得热火朝天。

有一次，克莱纳教授也到伯尔尼来看看自己推荐的人是怎样上课的。他出其不意地出现在教室里，看见爱因斯坦正出神地站在讲台上，许久没有说一句话，像是在沉思着什么，学生们怔怔地望着他，他向大家一再抱歉，说这几天正在思考一个有趣的问题，所以没有背好课，他让学生们按照黑板上的公式，自己推导一下，得出结论，随后宣布下课。克莱纳看得惊呆了，虽然他了解爱因斯坦与众不同的个性，但没想到竟是这种教学方式。他只好提醒爱因斯坦，要他注意高等学府的礼仪，注意备好课，注意讲课的条理性和系统性，珍惜授课的机会来之不易。但他深知，天才的个性总是让人难以理解，以常规来要求爱因斯坦是行不通的。

1909年 7月，爱因斯坦首次获得学术荣誉——日内瓦大学教授与名誉博士称号，并受邀出席日内瓦大学的350周年庆祝会。在庆祝盛典上，爱因斯坦穿着一身普通深色西装，头戴一顶草帽，在法兰西科学院院士的绣花燕尾服和英国绅士的中世纪长袍，以及来自世界200多名代表的各式名贵装束中，显得那样普通，而又引人注目。

随后，爱因斯坦又到萨尔斯堡参加德国自然科学家和医生协会第81届年会，这是他第一次应邀作学术报告，也是他第一次和物理学界的同行们聚会。在这次聚会上，他审视着人群，寻找着普朗克，并直接向普朗克走去，如此，创立量子论和创立相对论的两双巨手紧紧握在一起。

从萨尔斯堡回来，爱因斯坦辞别了贝索和专利局的同事们，走进了苏黎世联邦工业大学，在那里担任副教授，并且带领全家迁居苏黎世。爱因斯坦并不知道，这一切来得并不容易，都是克莱纳明智的判断和全力的举荐，打消了学校教委会的疑虑，最终接纳了这个不拘一格的犹太人到学校来任教。

爱因斯坦终于作为一个学者站在大学讲台上，但他的独特个性并没有被当时装腔作势的学者风范所污染。当爱因斯坦身着半旧上衣，下穿略短长裤，胸前还挂着一条铁制表链，登上讲坛的时候，人们用疑虑的目光审视着这个另类的新教授。但他一开口，就以独特的讲授方法征服了大学生的心。

爱因斯坦讲课时，经常用一个如名片大小的笔记本，上面写明他在课上想要阐述的各种问题，没有太多记录内容，可见，爱因斯坦讲课的内容都是来自他的脑海。学生们在上课时不受约束，听不明白的地方，可以随时打断他，提问一些简单幼稚的问题，爱因斯坦也从不感到厌烦。相反，在课下休息时，还经常坐在学生中间，和他们亲切讨论各种问题。他的授课形式和风格，讲课和课下休息的一举一动都符合他那独特的个性和思想，深受大学生的喜爱和崇拜。

有一次，在每周一次的物理学讨论课结束后，爱因斯坦余兴未消，他问学生们，谁愿陪他去塔拉斯咖啡馆，学生们积极响应，又前呼后拥地陪他到咖啡馆里继续讨论。在咖啡馆里，讨论氛围浓厚，物理学问题、数学问题、科学问题、生活问题，天上地下，无所不谈，气氛融洽，欢乐祥和。

还有一次，天色已晚，苏黎世已经到了警戒时间，咖啡馆也打烊了。爱因斯坦把两个学生带回家，让他们阅读普朗克新近发表的两篇论文，要他们找出其中的错误，而自己则去给他们煮咖啡。咖啡煮好了，两个学生也没有找出错误的地方，感到不好意思。爱因斯坦并没有责备，他直率地指出错误的地方，并一边喝咖啡，一边和两个学生讨论错误的症结所在。

平时，爱因斯坦还喜欢与不懂物理学和数学的人保持密切交往，也常常和法学家、历史学家和医生交谈，从他们中间找到科学问题方面的交谈者。他知道，对这些人来说，对于空间和时间的见解，未被传统概念所侵蚀，那些原始质朴的直觉，正是爱因斯坦物理观念的出发点。

爱因斯坦就是这样的平易近人，而又特立独行，是人们记忆中的另类教授，是铭刻在苏黎世大学历史上的独特教授。

3. 家庭悲剧的帷幕

在苏黎世大学期间，爱因斯坦的年薪也是4500法郎，和专利局的一样。但是，副教授的头衔却有耗费和排场。为了维持生活，米列娃不得不在家里收留几个学生寄宿，挣一些钱来贴补开销，为柴米油盐搅得心烦意乱的米列娃时常与爱因斯坦发生摩擦。1910年6月，爱因斯坦的第二个儿子出生，取名爱德华，小儿子的出生也没能使夫妻关系融洽，相反，更加重了生活的负担。

爱因斯坦与米列娃的个性都太强，就像钢刀砍在石头上，时时迸出火花。在米列娃的心里，她觉得嫁给爱因斯坦埋没了自己的科学才能，只能做一个空想主义者的妻子，做一个庸俗的家庭主妇，没能过上内心向往的生活，内心常常感到委屈，却又无人倾诉。爱因斯坦没有时间和精力倾听妻子的抱怨，他只是需要一个空间，一个无人打扰的研究环境，专心投

入研究他头脑里面的科学问题。

米列娃，这个大学物理系出来的家庭妇女，操持家务的本领并不高强，平日要照顾两个孩子，外加偶尔有客来访，既要准备饭食，又要操持家务，繁冗的家务让她疲惫不堪，家里时常搞得乱糟糟的。她需要丈夫的关心、帮助、温柔和体贴，可爱因斯坦却像个永远长不大的孩子，时时需要别人的照顾和关爱。尽管，爱因斯坦也能按照米列娃的要求生生炉子，带带孩子，可是他的心思却完全扑在物理学上，总是一副心不在焉的样子，做什么都是马马虎虎，唯有陷入沉思是他最好的理想境界，让米列娃感到非常生气，却又无可奈何。

米列娃深知，如果让爱因斯坦在物理学和家庭之间做出选择的话，他会毫不犹豫地选择物理学，而放弃家庭，这是他们之间的悲哀，是这个家庭的悲哀，这悲哀笼罩了彼此的心，也笼罩着这个外人看来美满和谐的家庭。

1914年，爱因斯坦定居柏林，有相当长的一段时间，他们不吵也不闹，甚至不说几句话，爱因斯坦整天忙于科研及应酬，很少回家，米列娃操持着家务，一个朋友也没有，两人只是表面上维持着家庭生活，但感情已经出现了裂痕。米列娃常常感到不开心，没有幸福可言，从而更加怀念苏黎世的生活。

1914年暑假，米列娃带着两个儿子回到了苏黎世，孩子们以为，假期过后，他们就能回到德国，但事实上，这是他们父母的婚姻走到尽头的开始，米列娃从此再也没有回到爱因斯坦的身边。

苏黎世，造就了爱因斯坦的伟大，也给他的家庭悲剧拉开了沉重的帷幕，让爱因斯坦陷入了沉思。

Chapter 5

第五章　走向世界

ALBERT EINSTEIN

1. 爱上布拉格

1911年，奥匈帝国波希米亚省的省会布拉格发来了聘书，聘请爱因斯坦去布拉格德国大学担任教授。

与苏黎世相比，布拉格的工作待遇高、条件好。还有，马赫是那里的第一任校长，开普勒曾经在布拉格工作过，这些都给爱因斯坦想象中的布拉格增添了一抹诱人的色彩。

布拉格德国大学是一所历史悠久的大学，1867年，马赫在那里任实验物理教授，被推选为首任校长。马赫任教30年，使这所大学远近闻名。爱因斯坦到来的时候，马赫的学生们提议，为他建立一个理论物理教研室，因为这位相对论的创始人，不单是马赫关于力学观念批判的实践者，还是马赫认识论的拥护者。

按照规定，在宣布委任之前，需要有被荐人的推荐书，他们邀请德国最著名的理论物理学家普朗克做推荐人，普朗克在推荐书中盛赞爱因斯坦，将他比作20世纪的哥白尼，举荐顺利通过。

1911年秋天，爱因斯坦带领全家，从苏黎世来到布拉格。从编外副教授到编内正教授，爱因斯坦获得了一种满足感，只是，这样一来，更加剧了米列娃的痛苦。因为她又得抛弃熟悉的环境，随着丈夫，去另外一个陌生的地方，这样颠沛流离的生活，让她感到不胜厌烦。

在奥匈帝国，就任公职要求告知宗教信仰，不允许任何一个没有正式加入教会的人担任公职。在办理手续时，根据爱因斯坦犹太人的身份，他的履历表上注明：信仰犹太教。看到这个信息，爱因斯坦想笑，但想到自己毕竟是布拉格的客人，只能客随主便了。

在布拉格，爱因斯坦的地位提高了，工资上涨了，住所也上了层次，但他的需要却没有改变，还是需要平常使用的那几样：一支笔、一张纸、一个烟斗，外加一把小提琴和一个安静无扰的思考环境。在爱因斯坦的心里，布拉格真的不同于米兰、慕尼黑和苏黎世，第一次站在从布拉格的山顶上，俯瞰城市全貌，那青翠的山林、蜿蜒的溪水、古老的小城、朴实的民众，让爱因斯坦从心底里深深爱上了布拉格。

在布拉格，爱因斯坦首先按照习惯，进行礼节性的拜访，但这种拜访太多了，逐渐变为沉重的负担。爱因斯坦只好选择离得较近的同事去拜访，而没有按照职务和级别，但正因为此，他被怀疑藐视职务等级，而招致了非议，但个性的爱因斯坦丝毫没有理会，依旧我行我素。

闲暇之时，爱因斯坦喜欢走在布拉格的大街上，这座具有古老的建筑、教堂和公园的城市使他着迷。他喜欢伏尔塔瓦河两岸的自然风光，在他眼里，纯粹就是“布拉格的威尼斯”，还有赫拉德昌的各式建筑，以及12世纪建造的圣乔治的罗马教堂，都给他留下了不可磨灭的印象。

2. 朴实无华的犹太教授

在布拉格有一位年轻的作家，名叫马克斯·布罗德，是爱因斯坦在这里结识的新朋友。他擅长在发明史中探寻民族杰出人物，在他的小说中，塑造了伟大的天文学家开普勒的形象。有趣的是，由于和爱因斯坦的交往，使他在现实中找到了开普勒的化身，他笔下塑造的开普勒，不喜欢世俗生活和享受，只喜欢探索科学真理，并从中汲取欢乐，这和爱因斯坦极为相近。很多人读了小说后都说，开普勒就是爱因斯坦，爱因斯坦就是开普勒。

但爱因斯坦就是爱因斯坦，他个性独立、有原则，思想论证始终有些格格不入，他不像开普勒那样去妥协，也不像伽利略那样追寻完全的内心自由，他沉浸在他的内心世界，他懂得他存在的意义，他只追求属于自己内心的和谐与自由。在他心中，宇宙的和谐、社会的和谐、城市建筑的和谐、人文的和谐……还有教堂的风琴声和悠扬的圣歌，紧密交融在一起，让他沉浸与回味，是他一生追求并向往的和谐世界。

在布拉格，爱因斯坦还结识了一位数学家格奥尔基·皮克，皮克对物理学抱有极大兴趣，让爱因斯坦遇到一个在哲学论证上孜孜不倦的对手。在皮克的帮助下，爱因斯坦克服了论证广义相对论的相关困难。他还建议爱因斯坦攻读意大利数学家的著作，充实数学知识。皮克还会拉小提琴，有很多时候，他们相聚在一起，举行小型音乐会，那些聚会的美好时光让他们感到充实快乐。但皮克是犹太人，在二战时期，不幸惨死在集中营内，让爱因斯坦不胜悲痛。

爱因斯坦还经常去古代史教授莫里茨·温德尔尼茨的家，专业和兴趣的不同，并不妨碍他们之间的深厚友谊，他们经常在一起讨论文学话题。每当爱因斯坦带着妻子和孩子，到温德尔尼茨家里去做客时，孩子们在一边快乐地玩耍，两个家庭成员和谐融汇在一起。爱因斯坦还经常把小提琴带去，温德尔尼茨的堂妹给他伴奏，他们在一起演奏美妙的乐曲。

谦逊、善良、随和、幽默，给爱因斯坦带来不少朋友。但是，也有人没有来由地冒犯、鄙视爱因斯坦的个性。爱因斯坦那过于简朴的穿着，不拘一格的授课方式，都让那些正襟危坐的教授们看不顺眼。在他们的眼里，那一头蓬松的黑发，那一双孩子般清澈明亮的大眼睛，那心不在焉的梦游神情，那不羁的言谈和幽默，还有那简约随意的衣装，哪里像一个德国教授呢？

爱因斯坦从不理会人家嘲笑他的衣装，依旧随心随意地穿着。为了参加皇家宣誓仪式，每一位皇家大学的教授都定做了一身特别的服装：一套绣金的绿色礼服、一顶三角帽和一把佩剑。爱因斯坦的儿子小汉斯看到这身衣服可乐坏了，在他的想象中，爸爸穿上这套衣服一定威风凛凛，他让爸爸马上穿上这身衣服，带他到街上去兜风。爱因斯坦看着可爱的儿子，笑着打趣说，穿上这身衣服，走在大街上，怕是会有人误认为他是巴西来的海军上将呢，还是安分守己做一个大学教授吧。

在课堂上，爱因斯坦朴实大方，性格开朗，语言生动，从不矫揉造作，给人清新自然的感觉。他在讲课之中，更是诙谐幽默，妙语连珠，时常引起朗朗笑声，让相对论的科研话题变得轻松而简单，使人为之倾倒，为之惊叹。

3. 从布鲁塞尔走向世界

1911年，爱因斯坦从布拉格赶赴布鲁塞尔出席索尔维会议。索尔维是比利时化学家和工业家，他发明的新的制碱法，使他成了百万富翁。

当时，这位制碱大王已经70多岁，怎样处置自己数不尽的财富呢，他想仿效瑞典炸药大王诺贝尔，扮演科学保护人的光荣角色。

索尔维是有远见的人，他看到，物理学正向原子和电子的微观领域进军，对于人类的未来，必将产生巨大的影响。怎样促进新的物理学的发展呢？索尔维的好朋友能斯特提议，建立一个国际机构，邀请世界各国杰出的物理学家到布鲁塞尔来做学术报告，这就是在物理学发展史上有重大意义的索尔维会议的发端。

1911年秋天，索尔维会议向欧洲20多位著名的物理学家发出了邀请，爱因斯坦接到请柬，他以奥匈帝国皇家大学教授的身份来到了布鲁塞尔。此时的布鲁塞尔，群星灿烂。在这里，爱因斯坦见到了普朗克、能斯特、维恩、居里夫人、彭加勒、卢斯福、昂内斯等著名物理学家。

在诸多物理学家中，有一位中年妇女令人瞩目，她穿着黑衣服，戴着黑手套，是出席会议的唯一女性。爱因斯坦曾在日内瓦大学350周年校庆上见到过她，她就是“镭的母亲”居里夫人。居里夫人看见爱因斯坦微笑着走来，也向他微笑着点头致意，并且摘下黑手套，露出一双雪白瘦削的手，手上伤痕累累，两双手相握在一起。居里夫人和爱因斯坦愉快地交谈，并给他看手上的伤痕，笑称这就是放射线的功劳，并用手指在空中轻巧地划了个公式——$E=mc^2$，爱因斯坦爽朗地笑了。

这一届索尔维会议，讨论的题目是“辐射理论和量子”。首先做报告的是洛伦兹，他阐述的内容是讨论辐射的问题。最后一个做报告的是爱因斯坦，他总结了量子论的各种应用。会议从讨论辐射开始，以量子论告终，这是具有象征意义的。新的发现打破了古典物理学，洛伦兹为此感到遗憾，但还是愉快地接受了爱因斯坦和他的量子论。或许，只有这样的人，才算得上是真正的科学家。

1911年，爱因斯坦发表了论文《关于引力对光线传播的影响》，阐述了相对性引力理论的基本原理，这是他在布拉格期间最重要的成就，结论的创新之处，是由星体发射出来的光束，在太阳附近掠过时必然会弯曲，这是因为光也有惯性，受到太阳引力场的巨大引力而导致。

爱因斯坦建议，在下次日全蚀时，通过天文观测来验证这个理论。但由于第一次世界大战的原因，1914年的考察工作半途而废。1919年，在爱因斯坦的倡议下，两个英国考察队对此进行了观测，这个伟大的预言才最终被证实。

4. 母校的呼唤

在布拉格，爱因斯坦的名望如日中天，也让世界认识了爱因斯坦。欧洲的许多大学都向他发出讲学邀请，甚至美国的哥伦比亚大学，也发来邀请。苏黎世工业联邦大学——爱因斯坦的母校再也不敢怠慢自己的学生了，他们也打算邀请爱因斯坦来主持一个新开设的数学物理讲座。

面对诸多的盛情邀请，爱因斯坦首先选择了母校。但在妻子米列娃的心里，她不喜欢布拉格，时刻想念苏黎世。她和爱因斯坦一样，把苏黎世当做自己的故乡。爱因斯坦对于母校也有一种依恋之情，而且他觉得，那儿还有格罗斯曼，解决引力问题需要他。1912年秋天，爱因斯坦回到了母校，聘书的期限是10年。

在苏黎世，人们急切等待着爱因斯坦。他的老朋友，特别是格罗斯曼，也在焦急等着他。朋友们终于在苏黎世会面了，爱因斯坦再次向格罗斯曼求援。12年前，格罗斯曼曾帮助爱因斯坦逃避数学课，但现在的爱因斯坦则急需数学知识来填充，格罗斯曼又一次帮助了他，他把爱因斯坦领进了数学科研的园地，帮助他解决了新的物理学课题，格罗斯曼的鼎力相助使得广义相对论的研究前景越发明朗化。

在苏黎世工大，爱因斯坦讲授了解析力学、热力学、连续介质力学、热的动力学理论、电和磁、几何光学等课程，还主持了每周一次的物理学讨论课。每个星期，爱因斯坦都在主持的讨论课上，报告物理学方面的新成就，所有的副教授以及许多物理系学生都来参加。讨论课后，爱因斯坦还经常和未讨论尽兴的教授同行们一起用餐，在饭桌上继续讨论相对论。

在此期间，爱因斯坦和埃伦费斯特，当时最卓越的物理学家，一个极为谦逊、敏锐和善良的人，结为好友，成为爱因斯坦最亲密的朋友，与他的交往和友谊持续了20年，直到1933年，埃伦费斯特自杀，让爱因斯坦格外震惊和痛心。

1913年秋天，爱因斯坦从苏黎世前往维也纳，出席自然科学家会议。他在这个会议上，做了一个关于广义相对论的通俗报告，理论还未完成，但爱因斯坦等不及了。他把引力理论跟电的理论发展过程做了一个比较，把空间的几何属性和引力等同来论证。

在维也纳逗留期间，爱因斯坦还会晤了居住在此的马赫。当时马赫已经75岁了，久病不愈，瘫痪在床。爱因斯坦万分景仰的马赫，现在已成为一位须发苍白、卧床不起的老头儿。想起以前的会晤，想起关于原子假说的诸多争辩和讨论，爱因斯坦和马赫对视的瞬间，两人脸上洋溢着轻松莞尔的笑容。

从维也纳回来，爱因斯坦全心投入广义相对论的研究之中，他与格罗斯曼合作写出了论文《广义相对论和引力理论纲要》，他“两耳不闻窗外事”，一心置身物理学研究领域，一步一步迈着坚实的步伐，坚定不移地朝向心中的物理学圣域走去。

5. 问卜红玫瑰

1913年夏天，普朗克和能斯特，这两位年过半百、德高望重的权威学者，风尘仆仆，从柏林来到苏黎世。

普朗克是量子论的天才创始人，是一个具有广泛科学兴趣和敏锐直觉的物理学家，还是高度评价相对论的第一人。他理解与感觉到爱因斯坦的理论将决定物理学的研究方向，并将带来预期的伟大成果，特地专程来拜访。

能斯特是一个政治学家，是20世纪闻名的化学家之一，是一个具有组织煽动能力的人，一个天生的组织家，一个资深的思想家。

两个大学者，来苏黎世做什么？观光？旅游？都不是，他们是带着德意志的使命特来拜访爱因斯坦的。

当时的德国，为了从英国夺取科技和工业发展的优势，以“铁血政策”重新划分市场、原料产地和投资场所，强烈希望集中理论思维实力，增强工业和军事竞争实力。由金融寡头联名成立的“威廉皇家协会”，制定了优厚的酬劳，授予元老称号，特制长袍，并赋予参加皇室午宴的权力，准备吸纳最优秀的科学家。

挑选学者的具体工作由普朗克和能斯特负责，他们建议，只有把爱因斯坦请来，柏林才能成为世界上绝无仅有的物理学研究中心。但在德国人眼里，爱因斯坦似乎是个怪人。小小年纪就毅然放弃出生之地，坚决不做德国人。忠君爱国，英勇服从，这些德国人心目中的崇高品德，常常受到他的嘲笑，他把这些称之为愚蠢和盲目。显然，要把这样一个怪人拉回到德国，得需要多大的能力和吸引力。

普朗克和能斯特，放出的“钓饵”是诱人的，他们建议让爱因斯坦担任威廉皇帝物理研究所所长。这个建议看来有些可笑，因为，无论谁来领导一个研究机构，恐怕都要比这个心不在焉、思想常在云端的爱因斯坦强得多。如果不能担任研究所所长，他们还建议让爱因斯坦担任普鲁士科学院院士或柏林大学教授，这些方案，是普朗克和能斯特两人绞尽脑汁商议出来的结果，是浪漫主义和实干精神合作的产物。总之，一切都是为了让爱因斯坦能够回到德国。

爱因斯坦动心了。在这个世界上，他还企求什么呢？安定的生活环境，良好的工作条件，充裕的研究时间，不受任何束缚和干扰，全心全意进行相对论研究……这对于他，实在是巨大的诱惑。

可是，接受柏林的工作，爱因斯坦的内心并非坦然。在他看来，移居普鲁士，这个德意志军国主义和帝国主义的老窝，像是背叛了自己的政治和道德信念。中学时代，他毅然离开出生地，就是想放弃德国国籍，以便与军事操练和“黩武气息”一刀两断。如今，却要为那些优厚条件突然返回普鲁士去安家定居，甚至还要去当皇家机构的官员，一时难以接受。米列娃又该怎么办呢？虽说此时两人关系紧张，但米列娃毕竟还是自己的妻子。柏林那种匆忙刻板的生活，米列娃是永远也不会喜欢的。

面对爱因斯坦的犹疑不决，普朗克和能斯特，一再劝说爱因斯坦，德国需要他。爱因斯坦也知道，柏林是当时自然科学研究的中心，拥有一流的设施、一流的人才，确实是研究与推广相对论的最佳地点。只是，在爱因斯坦的心里，认为德国需要的是物理学家，是相对论的创立者，而不是桀骜不羁的他。于是，幽默的爱因斯坦和两位老朋友共同约定，让二人先去玩儿几天，等再回到苏黎世，他到车站来接他们，如果爱因斯坦手拿一束白玫瑰，就表明他不去柏林；如果是一束红玫瑰，就答应去柏林。

爱因斯坦做出了一个浪漫的决定，几天之后，当普朗克和能斯特怀着忐忑不安的心情返回苏黎世，走下火车的一瞬间，他们看见，在熙熙攘攘的人群之中，爱因斯坦手拿一束红玫瑰，微笑着望着他们，三人远远地对视，不约而同地笑了，这笑容里饱含着信任、理解和友谊，值得珍藏一生的深厚友谊。

爱因斯坦终于答应回归德国。

Chapter 6

第六章　科研领域

ALBERT EINSTEIN

1. 广义相对论问世

柏林科学院早就盼望爱因斯坦了。1911年，诺贝尔奖金获得者，物理化学创始人范特霍夫逝世后，柏林科学院就想物色一位继承人担任常务院士，首先想到的人选就是爱因斯坦。在普朗克和能斯特的一再举荐之下，1913年 7 月，爱因斯坦荣膺为正式院士。

爱因斯坦成为院士，使他能够摆脱职业的负担，致力献身于科研事业。1914年4月至1932年12月，爱因斯坦定居柏林，遗憾的是，米列娃没有跟随爱因斯坦来到柏林，两人从此开始分居，逐渐失去联系，一个历经贫寒建立起来的家庭，终于导致破裂，这是爱因斯坦和米列娃共同的不幸。

初到柏林，爱因斯坦立刻就被德国媒体所包围，他们要他通俗地解释一下相对论，怎样做到通俗解释呢？他只能以发生在自身的一个小故事做引子。有一次，他想要把墙上的一幅旧画换下来，就搬来一架梯子，在往上爬的过程当中，他又想起一个问题，继而沉思起来，忘记自己在做什么了，愣怔的瞬间，从高处垂直摔下来。摔到地上以后，他顾不得疼痛，马上思考：人为什么会笔直地掉下来呢？看来物体总是沿着阻力最小的线路运动的。正是这个瞬间的思考，启发了他对相对论的深入研究。

1914年4月，爱因斯坦发表论文《关于相对论原理》，深入浅出地介绍了狭义相对论。1913年至1915年，是对相对论产生歧义的阶段，爱因斯坦的论证，缺乏足够的实验证据。人们期待着，科研组织能够派出考察团，在1914年8月14日观测日食，以验证爱因斯坦设想的光弯曲现象，但由于第一次世界大战的爆发，考察团没能成行，希望成了泡影。战争影响了对爱因斯坦理论的验证，但却无法阻止他创造性的思维成果。在此期间，爱因斯坦出版了一本书，并撰写了大约50篇科研论文，这是他一生中最富于创造力的成果。

在柏林，爱因斯坦每周都有一次物理学讨论会，一流的物理学家们聚在一起，讨论、演说、争吵，为相对论理论的论证，为新物理学的诞生殚精竭虑，贡献出人类最杰出的智慧。在讨论会上，爱因斯坦深刻的思想、无拘无束的个性、诚恳亲切的作风，赢得了大家的认可。

刚到柏林，爱因斯坦的生活比较平静，结识了许多新朋友，人们出于礼貌和景仰，也很少挑剔他、非议他。可没过多久，不拘一格的爱因斯坦式的生活方式和习惯，还是引起了刻板的德国人的议论，德国人在生活琐事上的繁文缛节，也同样让爱因斯坦觉得别扭和厌恶。

这一段时期，爱因斯坦只属于相对论，他的意识被加速运动的相对性、引力、空间几何属性等问题所吸引，他无时无刻不在思考这些问题。有一次，普朗克约爱因斯坦一起去参观波茨坦天文台。他们说好在一座小桥上会面，普朗克担心琐事缠身，不能准时赶到。爱因斯坦则说没问题，不论等多久，只要环境安静，他都在等待中思考他的相对论。结果，普朗克还是来得晚了些，当他赶到小桥的时候，看见爱因斯坦正在桥上怔怔地望着河水，似乎是在思考着什么，就连普朗克大声喊他，他都没有听见。

还有一次，爱因斯坦得知柏林同事心理学专家施图姆普夫，对与空间有关的表象感兴趣。本来按照礼仪，新院士应该预先拜访老院士，但爱因斯坦厌恶约定俗成的规矩，没有先去拜访，而是在一个清晨，忽然决定前去拜访，就便探讨一下有关空间的问题。因为没有预约，教授并不在家，为了等教授回来，爱因斯坦独自一人，在教授家门前徘徊了好几个小时。等他再次敲响教授的家门，家人告诉他，教授正在午睡，爱因斯坦没有恼火，平静离去。下午四点钟，爱因斯坦再次来到教授家，终于见到了教授，两人兴高采烈地谈起广义相对论中的空间概念，可惜这位著名的心理学家对数学一窍不通，如坠云雾，爱因斯坦尴尬起身，连连道歉，失望而返。

1914年秋天，爱因斯坦为《普鲁士科学院会议报告》写了一部长篇论文，在这篇论文当中，爱因斯坦反对牛顿的转动绝对性记点。例如，牛顿常用转动的装满了水的水桶来说明问题。爱因斯坦则强调，无法区别离心场和引力场，可以把离心场当做引力场。第一次得出了点粒子运动的测地线方程，并且证明它有正确的牛顿极限，还有对时空性质的重要评论，这是爱因斯坦第一次提到时空性质问题，即空间的独立性是不存在的。

可以说，在1914年，爱因斯坦的生活和职业都发生了巨大的变化。广义相对论中的一些关键问题把他难住了，虽然仍是孤军奋战，但他对相对论的前途充满信心。

一年之后，爱因斯坦纠正了自己在概念上的错误，完成了相对论，并得到越来越多人的理解、支持与推广。

2. 探索宇宙之谜

有人说，柏林的大学教授分为两类，一类是爱因斯坦一个人，另外一类是其他所有人。有人以此来讥讽爱因斯坦，也有人以此来赞誉爱因斯坦。

但不管怎么说，爱因斯坦即使在大科学家们中间，也显得是那样与众不同。大多数教授，他们把自己的时间一分为二：一部分用来教书，一部分进行科研。他们的授课，一章章，一节节，细致入微，旁征博引，内容像图书馆一样丰富。他们的科学研究，也分成一个个小问题，手下的学生都能分到一个，大家津津有味地一起研究，一起论著。

爱因斯坦则不同，他永远是个异类。虽然他也同样既讲课又做研究，但他那深刻的思想之链，一环一环展开，清晰呈现在听者的面前，再加上他天生的幽默诙谐做点缀，使他的讲课具有一种特殊的魅力。通常，爱因斯坦只爱讲自己所研究的问题，他不仅喜欢与同行和大学生探讨，也喜欢跟门外汉谈自己的科研。他喜欢随意地讲课和交谈，但要完整地讲一门课，从头到尾，仔细准备，常常让他感到头痛，他固执地认为，把时间都花费在背书备课上，这未免太可惜了。

爱因斯坦虽然有个性，但是非常谦虚。他多次对朋友诚恳地表示，如果逐渐增长的知识否定了他的论断，他一点也不会感到难堪。正如他所言，有一段时间，有人对他的引力波结论表示质疑。他得知后非常重视，经过仔细的考虑和反复研究，肯定了别人的意见，在以后的学术报告中，他当众改正了自己原来的结论。

爱因斯坦的科学研究，也与其他教授不同。他总是找最深最难的问题来研究，顶多只有一两个助手。爱因斯坦是个单干户，狭义相对论发表之后，本来可以接下去做许多工作，写许多论文，可是，他把这些比较容易做的工作留给了他人，自己则埋头研究起广义相对论。

根据广义相对论，少年时代的沉思再次浮现在他的脑海，面对浩瀚星空，他在内心不停地思索，宇宙应该是什么样子的？在人类居住的地球之外还有什么？这些问题和人类的历史一样古老。从漫无稽考的远古时代起，人们就在思索这些问题。那深邃神秘的星空，那些数不清的亿万颗星星，蕴藏着多少玄机和奥秘。多少年来，诗人讴歌宇宙，哲学家玄谈宇宙，他们共同描绘了充满玄机和奥秘的宇宙。然而，最有权利讨论和探索宇宙的，是把望远镜指向茫茫太空的天文学家，是在实验桌旁伏案研究的物理学家。

爱因斯坦根据广义相对论空时弯曲的概念，提出了自己的宇宙模型。1917年，他在论文《根据广义相对论对宇宙所作的考查》中，提出了一个有限无边的静态宇宙模型。“宇宙有限”的论证，渐渐传到了牧师和神父的耳朵里，他们狡黠地笑了。在他们的心里，宇宙有限，那么，宇宙之外必有一个天堂，他们的上帝就有适当的住处了。

关于上帝在人世间的代言人，有什么话好说的呢？他们曾经把布鲁诺活活烧死，把伽利略关进监狱，只是因为他们宣传科学的真理——哥白尼的日心地动说。而当哥白尼的学说，经过艰苦斗争，获得胜利之后，这些神学家们却又摇身一变，认为哥白尼的学说并不与《圣经》矛盾，反而给上帝开天辟地、创造日月星辰提供了科学根据。对于宗教界这些荒谬的说法，爱因斯坦从来都抱着一种冷漠的态度。

在一次访问英国的宴会上，爱因斯坦紧挨着坎特伯雷大主教，这位大主教摆出一副对相对论颇感兴趣的样子，恭敬地向爱因斯坦求教，希望能从相对论中，找到一些对于上帝有益的根据，但爱因斯坦坦诚地告诉他，相对论讨论的纯粹是科学问题，与宗教毫无关系。这一席话，让大主教听了脸上黯然失色。

的确，想从相对论中寻求神秘启示的时髦人物形形色色，他们都在爱因斯坦的身边嗡嗡嘤嘤，似乎在为相对论唱着赞歌。但是一有机会，他们又像蚊子一样，吸取他血脉里的精髓，来卑劣地滋养自己。或许，从古至今，每一个伟大人物的身边总有一些这样的蚊子吧，爱因斯坦苦笑不已。

对唯心主义的恭维，爱因斯坦无动于衷，因为在他身上，自然科学家自发的唯物主义始终是主流。遗憾的是，有些唯物主义阵营里的人，不断攻击爱因斯坦的唯心主义，特别是在宇宙有限的问题上。他们提出的问题和神学家同样浅薄：在有限宇宙之外是什么？他们给出的答案也和神学家一样武断：上帝。

这些唯物主义者给宇宙有限论贴上了一条标签——唯心主义。谁说宇宙有限，谁就犯下了唯心主义的弥天大罪。也许，他们始终都没弄懂爱因斯坦的宇宙有限论是什么，就根据现成的公式："宇宙无限＝唯物主义，宇宙有限＝唯心主义，"赶紧提笔上阵，对宇宙有限论展开无端的批判，不免让人贻笑大方。

爱因斯坦的宇宙有限论有三个重要的概念。第一个概念是"静态"，第二个概念是"有限"，第三个概念就是"无边"。爱因斯坦提出的"宇宙学原理"表明，宇宙间的物质均匀分布，从宇宙的任何地方观看宇宙，所看到的宇宙图像都是相同的，就像站在球面上观看球面，不论站在哪一点，看到的球面都是一个模样。爱因斯坦所说的宇宙虽然有限，却又无边，浑浑噩噩，没有边界。

爱因斯坦的静态、有限、无边的宇宙模型和牛顿式的无限宇宙模型一样，都是人类认识宇宙过程的重要里程碑。他们都是把一定的观测事实做了某种推论之后得到的结论，虽然可能有误，但研究态度和方法却是科学的。

事实上，爱因斯坦提出宇宙模型之后12年，天文学上有了一次重大的突破——美国天文学家哈勃发现，所有的星系，彼此之间的距离都在不断地增大。恒星不"恒"，我们看不到它们的分离运动，因为距离我们太远了。宇宙不是静止的，就像一个受热的肥皂泡，在不停地膨胀。星系就像肥皂泡上的各个点，彼此间的距离也在不停地增大。

哈勃利用大口径望远镜得出这个重要发现后，爱因斯坦这位公认的最伟大的物理学家，非常坦然地承认自己的宇宙模型是错误的。为了从广义相对论中解出静态、有限、无边的宇宙模型，他甚至修改了引力场方程，增加了具有斥力性质的一项——宇宙项。

引入宇宙项，有人认为，这是爱因斯坦平生所犯的最大错误。是的，爱因斯坦提出了一个错误的宇宙模型，却诞生了一门新的科学——现代宇宙学。就如同哥白尼的日心地动说，揭开了近代天文学的序幕，但是他在不朽巨著《天体运行论》中说，行星（包括地球）绕着太阳做圆周运动，其实是错误的，事实上，行星运动的轨道应该是椭圆的。

研究宇宙的整体结构，以前没有适当的理论指导，从爱因斯坦开始，才有了强有力的理论做指导，那就是广义相对论。随着观测手段的不断发展和完善，促进了现代宇宙学的蓬勃发展。在爱因斯坦提出宇宙模型之后，其他学者先后提出了从宇宙膨胀论到大爆炸宇宙论，从等级式宇宙论到物质反物质宇宙论，名目繁多，立论各异，众说纷纭，争论激烈。一门科学产生出各种各样的假设和理论，引起了激烈的争论，正说明它有着光辉灿烂的发展前途。

从遥远的文明开端算起，人类研究宇宙的渴望，终于在爱因斯坦这儿找到了一个新的科学起点。

3. 关于日蚀的伟大验证

在20世纪20年代初，爱因斯坦瞬间成为公众偶像，举世皆知，是因为全日蚀的伟大验证，证实了光线在太阳引力场中会发生弯曲。

1919年初秋，英国远征队证实了太阳的光有偏转。人们知道，有了这个观测的证明，广义相对论的意义与价值就会变得无法估量。爱因斯坦更清楚这一点，他早就盼望这一天快些到来。

1907年，在伯尔尼专利局当职员的爱因斯坦发现了等效原理，他认识到这个原理本身意味着光有某种弯曲，但是他认为这个效应太小了，观测不出来。

1911年，布拉格的教授发现，这个效应在日全蚀的时候能够测量出来，并且发现，在日全蚀的情况下变曲度是0".87。但他那时还不知道空间也是弯曲的，因此，他的结论是错误的。

1912年，苏黎世的教授发现空间是弯曲的，几年之后，他才明白空间的弯曲改变光弯曲。

1915年，已是普鲁士科学院院士的爱因斯坦发现了以前的错误，广义相对论意味着太阳光的弯曲度是1".74，也就是说，爱因斯坦计算的值是牛顿值的两倍，牛顿和爱因斯坦对立起来。

1914年，爱因斯坦还没有找到正确的答案，但他坚信，不论日蚀的观察是否成功，他都确信整个体系的正确性。爱因斯坦是幸运的，历史的几次变故，都使他免于面临错误的窘境。

1912年，一支阿根廷日蚀远征队开赴巴西，计划检验光的弯曲度，因为下雨取消了试验。

1914年夏季，由弗罗因德里希率领一支德国远征队奔赴克里米亚，观察 8 月21日的日蚀，也因战争没有完成考察任务。

1915年，爱因斯坦宣布正确的偏转数值是1".74，他迫切希望得到日蚀观察的数据，但日蚀观察依然一再受挫。

1916年，委内瑞拉有一个观测日蚀的机会，但又因为战争而失去了，早先希望在日蚀时拍摄照片寻找偏转的企图落空了。

1918年，一个美国人对日蚀进行观察，但最终也没有得到任何结果。

1919年5月，两个英国远征队对日蚀进行观测，才获得第一批有用途的照片，这一重要观察成就，很大程度上归功于爱丁顿。

爱丁顿是英国剑桥大学的天文学教授，也是皇家天文学会的学术秘书，他参加了基督教教友会。他厌恶第一次世界大战，与爱因斯坦一样，是一个十足的和平主义信徒。

1916年春天，从中立国荷兰的莱顿大学寄来一份《广义相对论基础》单行本，爱丁顿凭着敏锐的直觉感受到这篇论文具有划时代的意义。他马上开始着手研究广义相对论，同时请德·西特在皇家天文学会的会刊上发表三篇介绍广义相对论的文章，引起了英国科学界的关注，这是英国人牛顿发现万有引力定律以来的两个半世纪里，第一次有人向牛顿提出有力的挑战。

爱丁顿决定用日全蚀观测来验证爱因斯坦的引力理论。1919年5月29日发生日全蚀，正值金牛座中的毕宿星团在太阳附近，如果天气晴朗，至少可以拍摄出13颗很亮的星。这天赐良机，将给爱因斯坦的广义相对论向牛顿挑战新的引力理论来一个判决。

在观测时，如果星光掠过太阳表面的时候，像爱因斯坦预言的那样拐弯了，就证明爱因斯坦是正确的。爱丁顿坚信爱因斯坦的广义相对论是正确的，星光将会拐弯，拐过1".74，就和爱因斯坦的预言一样。只是，要用照相机拍摄出这1".74的偏转角，就像在十几米外拍摄一根火柴一样困难。不过，经过爱丁顿仔细研究，虽然困难，但还是能够办到。

在爱丁顿的热情倡导下，皇家天文学会开始了日全蚀观测的准备工作。当时，德国潜水艇封锁着英国的海岸线，英国人民饥寒交迫。德国是英国的敌人，花费大量金钱和人力，去证明一个德国科学家的理论，遭到了英国人的反对。可是，爱丁顿和爱因斯坦一样，都是和平主义者，他执著地认为科学是没有国界的。爱丁顿对广义相对论的热情，对科学的执著，感染了身为皇家天文官的代逊，代逊决定派出两支远征队，分别奔赴非洲西部的普林西比岛和南美洲的索布腊尔。

1919年3月，在格林威治天文台皇家天文官的官邸，举行了日蚀观测队出征前的会议。巨大的书房里，代逊在地毯上踱来踱去，向两位队长做最后的交代。爱丁顿细长的身子埋在沙发里，一边听着代逊讲话，一边看着对面墙上的牛顿画像出神。

在观测队伍里，也有个别天文学家虽然没有爱丁顿那样的数学造诣，他们对爱丁顿和爱因斯坦佩服得五体投地，感觉有些可笑。在他们看来，广义相对论再正确，也不过是一件美丽的衣裳，穿在天文学身上，会不会合身？那一套玄妙的空时理论，光的弯曲，是否真的存在呢？

爱丁顿没有言语，仍然注视着墙上牛顿的画像。有什么可说的呢？不管最终是什么结果，意义总是非凡的。爱丁顿对此早就想过，这次日蚀远征队可能会第一次证明光的重量（即牛顿值），或许还可能证实爱因斯坦的非欧空间怪论，或许会出现更具有深远影响的结果——光没有弯曲，不管怎样的结果，马上就要揭晓。

第二天，两支远征队双双启航，分别奔赴各自观测的目的地。爱丁顿到达普林西比岛，开始紧张的准备工作，架设望远镜，试拍照片，一切准备就绪，就等那伟大的日子来临，宇宙将在那一天的几分钟里，把玄秘的真面目呈现在世人面前。

5月29日终于到来，不巧的是，一早就下起了倾盆大雨。爱丁顿在帐篷里搓着手，焦虑地踱着步子。过一会儿，他就跑

到帐篷门口，仰望沉闷压抑的天空，爱丁顿心急如焚，担心这次观测将再次落空。

临近中午，雨停了，但阴云还是不散，遮住了太阳。过了一会儿，天空渐渐转成灰色，月亮来到太阳和地球中间。可是，太阳依然隐没在云堆里。爱丁顿万分绝望，要是这次拍摄不到星星的照片，两年多的准备工作就将付诸东流，更糟的是，要过好几年才能等到下一次的观测机会。

爱丁顿当即下达命令，按照原定计划拍照，即使有云也要拍。天空逐渐暗下来，仿佛黄昏突然来临，夜幕即将降落。节拍器打出有节奏的声音，日全蚀开始了。月亮遮住了太阳，太阳变为一个黑球，它的周围是一个亮圈，亮圈外面喷出了火舌，大地沉浸在一片奇异的朦胧和寂静之中。大家只感到，热带的潮气从地面上蒸腾出来；大家只听到，望远镜底下的咔嚓咔嚓声。爱丁顿顾不得看那奇妙无比的日全蚀的景象，他只是隐隐感觉到，云彩似乎渐渐散去，黑蓝色的天幕上，有几颗星星显露出来，节拍器富有节奏地响着，一共拍了16张照片，天空又渐渐恢复了原有的光亮。

爱丁顿等不及回到伦敦，就在普林西比这个小火山岛上操作起来。他每夜冲洗两张照相底片，并且立刻进行研究。爱丁顿拿起底片，放在照明灯上细细揣测，终于出现了一张底片，灰色的天幕上，紧挨着太阳，有几个非常清晰的黑点。爱丁顿拿在手里，按捺不住狂跳的心。牛顿和爱因斯坦的命运，就在这一方底片上了。或者说，这不是两个人的命运，也不是两种科学理论的命运，而是宇宙的命运。空间到底是不是弯曲，宇宙到底是不是有限，这些至大至圣的问题，答案就在这一方底片上。

爱丁顿把这张底片和从伦敦带来的底片重叠在一起，放在照明灯的乳白色玻璃板上。激动人心的时刻到了，太阳周围那十几颗星星，都向外偏转了一个角度。星光拐弯了，广义相对论得到了证实。空间是弯曲的，宇宙或许真的可能是有限的。

爱丁顿马上率领全班人马回到英国，此时，去索布腊尔的远征队也回来了。在他们拍摄的照片之中，有些也模糊不清，但是有七张，和爱丁顿的那一张是一致的。爱丁顿经过反复计算核对，排除一切误差干扰，最后他确信，日全蚀的观测，精确地证实了爱因斯坦的广义相对论。

1919年11月6日，皇家学会和皇家天文学会在伦敦举行联席会议，听取两个日蚀观测队的正式报告。会议厅里挤满了人，英国科学界的泰斗们都跻身在这里，这些教授一个个都压低嗓音说话，仿佛空气中凝滞着焦躁的情绪。观测的结果，虽然早就从各种渠道泄露了出去，可是这件事情实在是太重大了，所以正式宣布的时刻，就具有历史意义，全场就像一幕古希腊的戏剧那样庄重。

皇家学会会长、电子的发现者汤姆逊教授在全场肃穆中起立致辞，他的背后悬挂着一幅巨大的牛顿画像，这个巨人曾经连续24年担任皇家学会会长，现在他正俯视着自己的后继者。汤姆逊满怀激动地宣布，爱因斯坦的相对论是人类思想史上最伟大的成就之一，这不是在科研领域发现的孤岛，而是发现了科学思想的新大陆。

皇家天文官代逊代表两位观测队长宣读观测报告，他证实，日蚀观测的数据和爱因斯坦的预言十分吻合，空间是弯曲的，爱因斯坦新的引力理论是正确的，牛顿勾画的宇宙图像在此进行改变。

关于日蚀的伟大验证，在这里画上了一个圆满的句号，爱因斯坦由此声名鹊起，闻名世界。

Chapter 7

第七章　传奇故事

ALBERT EINSTEIN

1. 邂逅幸福

在柏林的最初几年，爱因斯坦竭尽全力研究着广义相对论。随着相对论理论逐渐被人所知，爱因斯坦在公众眼里成为一个具有超凡魅力的人，也成了公众舆论的焦点。因为他倡导和平，在极端右翼的人眼中，他又是一个被憎恨的人。

从事科学研究的时候，爱因斯坦的心情并不好。1915年，他对科研工作进展比较满意，但精神状态并不好，时常感觉疲惫不堪。

1916年，他撰写了10篇科学论文，包括对广义相对论的重要研究，自发和诱致发射理论，关于引力波的第一篇论文，关于能量动量守恒定律等，同时还完成了第一本关于相对论的科普书籍。

那些年，由于爱因斯坦与米列娃长期分居，没人照顾他的生活，再加上他的自理能力又差些，导致身体越来越差，不断生病，一直拖延好多年。

1917年2月，爱因斯坦感觉不舒服，到医院就医，查出肝脏有问题，不能再去荷兰进行访问。在这期间，爱因斯坦严格遵照医师规定的饮食，过着十分清苦的生活。

战争之中的柏林，食物供应非常紧张，好在爱因斯坦是瑞士公民，有权接受从瑞士寄来的食物包裹，但仍不足以弥补由于资源匮乏而引起的营养不良。爱因斯坦的保健医生极力劝他去瑞士养病，但爱因斯坦觉得，米列娃还住在伯尔尼，在没有和她解决好情感矛盾的情况下，去那里休养是不太合适的，他婉拒了医生的劝告。

初到柏林，在闲暇的时候，爱因斯坦经常去看望堂叔鲁道夫·爱因斯坦。那时，鲁道夫和女儿艾尔莎就住在柏林。艾尔莎与爱因斯坦，这一对堂姐弟自幼熟悉，她在和丈夫离婚后，就带着两个女儿一直住在父亲家中。爱因斯坦得病后，艾尔莎始终坚持照顾他，也由于这场大病，在情感上孤苦无依的两个人，渐渐靠拢，产生了结合的愿望。

艾尔莎举止优雅、容貌姣好，难能可贵的是，只有她能够读懂爱因斯坦的心，在爱因斯坦写不出方程式的时候，该放莫扎特的钢琴协奏曲，还是舒伯特的弦乐四重奏；当他想念欧洲老家时，该朗诵歌德的《浮士德》，还是席勒的《欢乐颂》；当他喝咖啡的时候，里面是该放鲜奶，还是炼乳……好多生活上的细节，也只有艾尔莎才能恰到好处地掌握好，因此深深打动了爱因斯坦。

艾尔莎是个持家的能手，这一点是米列娃无法相比的。她在厨房里煎鱼烤肉，动作娴熟，味道诱人。在那个战争频发、食物匮乏的年代，她仍旧有本事做出一桌色香味俱佳的饭菜，让爱因斯坦感到温馨与温暖，在艰难困境中，两颗心相互吸引，慢慢靠近。

艾尔莎于1876年出生在德国巴登符堡州的海亨根，比爱因斯坦大三岁，是爱因斯坦最喜欢的一个姐姐。小时候，他们常常在一起玩儿。艾尔莎文静善良，爱因斯坦沉默寡言，艾尔莎非常了解这个弟弟的脾气。

那时候，艾尔莎一家常到苏黎世，爱因斯坦一家也常到海亨根去玩，两家人曾在一起度过很多开心愉快的美好时光。爱因斯坦和艾尔莎在少年时代就相互喜欢，中年之后再次重逢在柏林，感觉亲切温暖，相同的经历、感受和愿望，促使两个人心心相印，执手相牵，最终走在一起。

爱因斯坦性情孤僻，也许，这样的男人，压根就不可能成为一个世俗家庭的男主人，在这点上，性格倔强的米列娃不理解他，生活琐事和贫困窘境掺杂在一起，最终导致他们无言的分手。

艾尔莎为人热情，性情开朗，与米列娃的性格和成长经历完全相反，她把爱因斯坦从米列娃的喜怒无常和郁郁寡欢的枷锁中解脱出来，以她特有的女人味吸引了爱因斯坦。

与米列娃相比，艾尔莎虽然没有什么大学问，也不懂得物理学，但她深知爱因斯坦的秉性，也深刻理解他的孤独，更何况，有了一次婚姻变故后，能做世界名人爱因斯坦的妻子，也让她感到欣慰与满足。她只想在生活上无微不至地照顾爱因斯坦，让他有更多的时间和精力投入到科学研究中。艾尔莎的存在，让爱因斯坦安心留在了柏林。

1917年夏天，爱因斯坦从威特尔贝彻大街搬到哈伯兰大街，住在艾尔莎一家的隔壁，便于艾尔莎精心护理，调理饮食，陪伴病中的爱因斯坦。艾尔莎的嘘寒问暖，让爱因斯坦得到了从米列娃那儿得不到的温柔与温情。

凡是病中的人，都需要一个笑容满面、体贴入微的亲人来照顾。爱因斯坦躺在病床上，幼时的小伙伴，曾经最喜欢的堂姐艾尔莎就微笑着坐在他身旁，一边为他编织着过冬的毛衣，一边和他随意地聊天，说一些柴米油盐的日常话题，让爱因斯坦全身心地放松。有时，爱因斯坦感觉心情不错，就拿出小提琴来演奏一曲，与艾尔莎共同分享，透过美妙的乐音，两人相视一笑，心灵相通。

在艾尔莎的精心护理下，爱因斯坦的身体明显康复。但在1917年冬季，随着气候转冷，病情突然加重，他又患上了胃溃疡，导致他精神颓废，情绪低落。经过一段时间的治疗与恢复，1918年4月，久病在床的爱因斯坦才有所好转，但由于病程太长，导致他虚弱乏力，就连站立拉一段小提琴，都觉得喘息费力。看到自己这样，爱因斯坦时常感到心情郁闷，沉默不语。

1918年5月，爱因斯坦又被查出患了黄疸病。显然，长期科研劳累后的爱因斯坦，由于不注意养生，身体被完全毁坏了。那段时间，爱因斯坦噩梦不断，情绪很糟，在米列娃与艾尔莎之间的抉择，也让他精神抑郁，苦闷烦躁。面对心灵相通的知音，面对唾手可得的幸福，他在心里祈祷，默默做出一个决定，一个改变半生的幸福决定。

不久，爱因斯坦在身体基本康复后，就决定与米列娃离婚。经过一番协商，双方约定爱因斯坦的诺贝尔奖金归属米列娃。1919年2月，爱因斯坦和米列娃正式协议离婚。米列娃性格偏执，难以相处，也从不轻易相信别人，朋友很少，郁郁寡欢。爱因斯坦偶尔去苏黎世看望儿子的时候，常常住在米列娃的家里。但米列娃始终不能原谅爱因斯坦与她分居和离婚，导致两个孩子和父亲之间的关系恶化，悲观的情绪阴影一直持续到爱因斯坦的晚年，直到米列娃于1948年离世，父子之间的关系才有所扭转。

1919年6月，爱因斯坦与艾尔莎结婚。此时，爱因斯坦40岁，艾尔莎43岁，他们的新家安置在艾尔莎居住的哈伯兰大街5号。

艾尔莎性格开朗、温柔文静、心直口快、慈悲乐善，具有典型的小资情调。她十分珍惜与爱因斯坦的情缘，喜欢照顾爱因斯坦的生活，并且以此为乐，丈夫的显赫声望也给她带来了引以为豪的荣耀。

结婚以后，在柏林高等住宅区里，爱因斯坦拥有了温暖舒适的家庭生活。宽敞的住房，典雅的装潢，庄重的家具，精巧的摆设，让人赏心悦目，感到温馨。他们也像有身份的人那样，每星期举办一次酒会，招待一次宾客，场面热烈欢快，气氛融洽，也给他们带来很多欢乐。

在这之前，爱因斯坦过惯了混乱的生活，米列娃不事家务，也没有给过他宁静温馨的家庭生活。但在哈伯兰大街 5 号，一切都井井有条，连每天抽多少根烟，艾尔莎都给他计划好了。房间窗明几净，家具擦得锃亮，华美的地毯干净柔软，充斥着幸福甜美的味道。

然而，爱因斯坦生就了叛逆的性格，在科学事业、政治理想和生活习惯上，他都是一个勇敢的叛逆者。在这个尊贵体面的家里，他有时就像一个撞进门来的陌生人和流浪汉，他会光着脚在客厅走来走去，或者，光脚穿着皮鞋，若无其事地坐到招待来宾的大餐桌旁。艾尔莎看到这样，有时佯装生气，向他提出抗议，有时干脆装做什么也没看见。爱因斯坦也从不理会，总是笑眯眯的，偶尔用幽默来作答，让人听了忍俊不禁。

在家里的仆人看来，主人越来越长的头发，心不在焉的神情，以及那随随便便的衣着，在天鹅绒的大窗帘前，在花篮形的大吊灯下，总是显得有些不协调。可是，这位主人，完全不顾这些，依旧我行我素。

艾尔莎恰好相反，她时时注重自己的言行、衣着和与人交往的礼仪，从不让人指责讪笑。1931年，世界著名喜剧大师卓别林曾经巧遇艾尔莎，她亭亭玉立的身姿、精力充沛的神采、热情好客的品性，以及她的诚恳坦率，给卓别林留下了极为深刻的印象。他在心里，为这一对神仙眷侣默默感动，并且送上深深的祝福。

与爱因斯坦结合在一起，艾尔莎感到幸福，尤其是爱因斯坦与自己的两个女儿相处融洽，更让她感到欣慰。爱因斯坦则像长期浪迹天涯的吉普赛人，终于拥有一个温暖的家。对于爱因斯坦来说，他喜欢被人照顾，也喜欢在家里接待各类朋友，他从内心里，喜欢那样举杯邀约的欢聚气氛，而艾尔莎能够读懂丈夫的所思所想，倾尽全力为他创造这样的舒适环境，让他拥有更多机会和那些知名教授进行争论和探索，或者，沉下心来进行科学研究。

这舒适安稳的生活环境并没有改造爱因斯坦，相反，他只是感到陌生和孤独。好多朋友都觉得，爱因斯坦结束辗转流离的生活，应该沉静幸福，但走进他的小康之家，常常发现，他是这环境中的局外人，是中产阶级家庭里豪放不羁的客人。

艾尔莎对新的家庭非常满意，也深深爱着爱因斯坦，但仍有许多人发现，或者说感觉到，爱因斯坦与艾尔莎之间的感情并不那么深厚。艾尔莎卧室的隔壁是两个女儿的卧室，爱因斯坦的卧室则在楼下大厅里，看起来不像是一对有事共同商量的夫妻。

艾尔莎也和知心朋友倾诉，爱因斯坦的心意是难以揣测的。艾尔莎很注重社会地位和舆论，在这一点上，她与丈夫恰恰相反。爱因斯坦曾在许多场合流露出，作为一个结过婚的人，他对神圣婚姻的快乐是有所保留的。例如，有人看见他不断地清除自己的烟袋，就问他，是因为喜欢抽烟才抽烟呢，还是为了清除和重新装满烟袋呢？爱因斯坦则意味深长地回答，抽烟人的目的在于抽烟，但在抽烟的过程中，总会有什么东西被堵塞。在他的意识中，生活就像抽烟，婚姻更像抽烟。爱因斯坦将抽烟喻做婚姻，这里面，或许隐藏着他对婚姻的切身感受。

1936年，艾尔莎因病去世。爱因斯坦在和老朋友玻恩通信时，感慨地说，他已经像洞穴里冬眠的熊一样，逐渐适应了新环境，老伴儿的离世，让他相应减少了聚会和交际，甚至觉得更自由多了。

爱因斯坦也曾不够优雅但很坦率地描述自己的家庭，1955年3月，他终生的挚友贝索去世，他安慰贝索妻子时说，他钦佩贝索，多年来，始终和爱人和平相处，相亲相爱，他就没有做到这一点，他为过去的自己而感到惭愧。

也许，爱因斯坦深邃的思想太需要孤独，使他无法全身心投入到世俗的家庭生活，就像他的书房，是由一间堆放东西的阁楼改成的，在宽敞明亮、舒适优雅的书房里，他感到不自由，离开这豪华陈设的小阁楼，他就会感到自由。他光着脚，只穿一件薄毛衣，随意地坐在椅子里。面前的圆桌上，堆满了书籍、杂志和草稿纸，屋子四周排满了书架，书架上面摆满了各种书籍，墙上挂着法拉第、麦克斯韦和牛顿的肖像。从阁楼的小窗里望出去，是一片屋顶的海洋，他仿佛置身在一座孤岛上。这里是与世隔绝的，除了助手，谁都不准进来。爱因斯坦需要这种与世隔绝的孤独，在孤独之中，他的心才能和宇宙融为一体。

爱因斯坦的母亲波林，在他与艾尔莎结婚半年之后来到柏林，并始终住在儿子家中，一直到去世。波林和艾尔莎相处得很融洽，两人在一起常常有说有笑，让爱因斯坦感到欣慰。

波林的一生饱尝坎坷，1902年，爱因斯坦的父亲去世，家里没有太多积蓄，波林也没有收入，她长期靠给人家当保姆、操持家务、看护小孩儿赚取一些收入来养家。后来，随着年龄的增长，她不得不搬到鲁塞耐居住在女儿家。

波林住在女儿家时，已罹患腹部癌症，病情十分严重，只得住院治疗，住院后不久，她表示希望同儿子住在一起。1919年12月，爱因斯坦和艾尔莎将重病垂危的母亲接到柏林的家，两个月后，母亲去世，埋葬在柏林。爱因斯坦深深感激艾尔莎对母亲的照顾，面对生命的消逝，他感受到了血脉相系的浓浓深情。

2. 热爱运动的大师

爱因斯坦向来喜欢运动，始终坚持不懈，尤其喜欢爬山、骑车、赛艇、散步等体育活动。

有人认为，科学家都是成天坐在实验室里，摆弄机器，计算数据，生活单调，性格孤僻。其实，不少科学家都把生活安排得丰富多彩，充满生气，爱因斯坦就是一个典型的例子。

平时，在学习或工作十分紧张的情况下，爱因斯坦仍然抽空参加各种文体活动。有人形容他，工作时的劲头“简直像个疯子，似乎有使不完的精力”。爱因斯坦的充沛精力，正是来自他的合理休息和经常锻炼的结果。

他在瑞士苏黎世工业大学期间，尽管每天学习任务紧张，仍抽出一定时间去散步，节假日还要外出旅游或划船。爱因斯坦的这种爱好，不但是从兴趣出发，而且是为了提高学习效率。他常对人说，学习时间是个常数，它的效率却是个变数，单独追求学习时间是不明智的，最重要的是提高学习效率。

爱因斯坦认为，必须通过文体活动，才能获得充沛的精力，保持清醒的头脑。他常常对人说，工作和休息是走向成功之路的阶梯，珍惜时间是有所建树的重要条件。他常常建议人们，在闲暇时间多进行体育锻炼，拥有健康体魄，才能更好地生活和工作。

有一次，他去比利时访问，国王和王后特地成立了一个接待委员会。那一天，火车站上张灯结彩，鼓乐齐鸣，许多官员身穿笔挺的礼服，准备隆重欢迎这位杰出的科学家。火车到站以后，旅客纷纷走下车，却始终不见爱因斯坦的影子，他到哪里去了呢？原来，这个须发花白的怪老头儿，避开了那些欢迎的人群，只是独自悄悄下了火车，一手提着皮箱，一手拿着小提琴，由车站步行走到王宫。负责招待的人没有迎来贵宾，正在焦急地向王后报告，爱因斯坦却风尘仆仆地赶到了。王后直率地问他，为什么不乘坐派去的车子，而偏偏选择徒步而行呢？爱因斯坦笑着回答说，平生喜欢步行，喜欢安静，不想置身在这隆重的场面，并向王后深表感谢和歉意。

爱因斯坦在晚年时，还坚持劳动，坚持锻炼身体。在紧张的科研之余，他经常从事一些家务劳动，如栽花、浇水、剪枝等，还经常邀请朋友们一起去爬山，有意识地磨炼意志，锻炼耐力。

有一次，爱因斯坦和居里夫人及其两个女儿，兴致勃勃地攀登瑞士东部的安加丁冰川。他们按照登山运动员的要求，身背干粮袋，手持木拐杖，顺着蜿蜒的山路往上爬。在旅途中，爱因斯坦谈笑风生，十分活跃，就像年轻人一样，人们甚至笑称他为“老年运动家”。

3. 无可奈何的公众人物

在扑面而来的荣誉光环面前，爱因斯坦刚开始还有些沉浸，但时间久了，便给他带来诸多烦恼。

在获取荣誉的同时，必须做出牺牲。爱因斯坦在追逐荣誉的过程中，他扮演的是猎物，而不是狩猎者，这是荣誉背后隐藏的悲哀，有着让他无可奈何无法言说的悲哀。

1919年，爱因斯坦成了新闻界与公众眼中的焦点，尤其是记者，不断拨通电话，按响门铃，前来采访和拍照，其中，不乏故作深刻的对话，添油加醋的渲染，不着边际的吹捧，面对无聊的新闻采访和耀眼的闪光灯，爱因斯坦紧张万分，厌恶至极，烦躁不已，感觉生活和工作深受打扰，难寻片刻宁静。

相当长的一段时间里，他害怕听到电话铃声，害怕听到有人按响门铃，甚至恐惧邮递员，每天早上邮件一到，围攻就开始了，他会收到成百上千封追讨照片和签名的信件，许多信封上连地址也没有，只有“阿尔伯特·爱因斯坦收”几个大字，也有一些讨论科学问题的信，请他解释空间怎么会弯曲，请他证明宇宙怎么能够有限，请他说明时间怎么能像橡皮筋似的拉长与缩短……虽然都是一些小问题，只要教授花费一分钟时间来回答，但若要挨个来回复，爱因斯坦的时间将被完全占据，让他感到束手无策，无可奈何。

还有很多求助的信件，里面写有很多不着边际的内容，比如，一个青年学生没有考上大学，请教授在教育部说说情；一个青年发明家的新发明被埋没了，请教授在科学院里讲几句话；一个年轻妇女作为天文观察者，自荐为天文研究效力；一家雪茄烟厂厂长想把工厂生产的一种新型雪茄取名为“相对论”雪茄……类似的问题，让爱因斯坦应接不暇，哭笑不得。

这期间，艾尔莎成了爱因斯坦的收发秘书，她每天都要花费大量时间把信件分类，一些留下不回信，一些帮助他回信，余下有价值的，再交给他过目。这项工作，几乎占去艾尔莎整整大半天工夫，有时甚至整个晚上。好多信件，尽管艾尔莎已筛选过，但仍使爱因斯坦伤透脑筋。他在心里厌恶阅读信件让他花费了大量精力，也使正常生活和工作无法进行。他没有精力一一回复每一封信，却又担心来信者对不回信的指责与不齿，常常为此感到焦虑不安。

后来，聪明的爱因斯坦想出一个对付信件的好办法，请慈善机构代办追讨照片和签名的信件。凡是向慈善机构捐了钱，就能拿到爱因斯坦的签名照片。这举措确实一举三得，既满足了那些盲目崇拜名人的虚荣心，又帮助了弱者，更节省了他的时间。至于讨论问题和请求帮助的信，爱因斯坦都亲自回信，实在忙不过来，就请艾尔莎和她的大女儿帮忙。

麻烦的是上门拜访的人，画家、摄影家、雕刻家……各个行当的艺术家都来登门找他。已经成名的，是为了丰富自己的作品目录；尚未成名的，是为了借助爱因斯坦的名望去粉饰自己的名誉。好在艾尔莎脾气柔和，待人客气优雅，和善礼貌，帮他推掉一件又一件麻烦事，挡走一个又一个麻烦的客人。碰到那些软磨硬泡的人，艾尔莎也有为难的时候。每逢此时，爱因斯坦也只好亲自到客厅里来谈笑风生，逢场作戏。

当时，全世界都在谈论着相对论，诗人、漫画家、哲学家、科学评论家和无孔不入的商人，更是在前所未有的爱因斯坦热和相对论热中推波助澜。有人是正儿八经地谈，有人纯粹是在瞎扯淡，更多的是在赶时髦。譬如，一个美国富翁出5000美元巨额赏金，征求一篇介绍相对论的3000字的文章；市场上的烟贩子在叫卖“相对论”牌香烟和“爱因斯坦式”雪茄；英国的一家报刊上更是刊登出一幅漫画，把相对论和英国人特别爱好的侦探故事莫名其妙地结合起来，变成一场可笑的闹剧……

面对这些，爱因斯坦只有摇头叹息，无言以对，内心却是深深地焦虑和抑郁。

4. 举世瞩目的新闻焦点

在柏林的前几年，战争的阴云虽然给爱因斯坦带来生活和科研上的烦扰，但他始终没有停止相对论的研究。在隆隆的炮火中，爱因斯坦仍取得了学术研究的丰硕成果。

1916年，爱因斯坦在《物理年鉴》上发表论文《广义相对论基础》，暂时结束了从1908年以来所从事的相对论研究，这篇论文可以说是20世纪理论物理学研究的巅峰。

1905年，爱因斯坦创立的狭义相对论，仅仅适用于不存在引力的所有物理过程，研究的是直线、匀速相对运动的参考系。广义相对论的方程与参考系的运动状态无关，同样适用于做加速运动和旋转运动的参考系。在某种程度上，它是狭义相对论的推广。此外，就像爱因斯坦比喻的那样，广义相对论就像是相对论大厦中的第二层楼。

爱因斯坦一直把广义相对论看做是毕生最重要的科学成

就，他曾经这样说过，要是我没有发现狭义相对论，也会有别人去发现，因为问题已经成熟，但广义相对论的情况就不是这样。爱因斯坦说这种话，是在广义相对论发表20多年之后，他的自信不无道理。

1919年，爱因斯坦9岁的儿子爱德华问父亲，爸爸到底为什么这样出名？爱因斯坦笑了，他摸着调皮儿子的脑袋，幽默地解释说，当瞎眼的甲虫沿着球面爬行的时候，不会发现爬过的路径是弯的，但爸爸有幸发现了这一点。

爱德华听懂了比喻本身，但他不会理解其中的含义，这其中的含义，或许只有物理学家们才能体会得到。在他们看来，如果没有爱因斯坦，世界上也许还不会出现广义相对论。

当然，一个重大的科学理论，是科学发展到一定阶段后的必然产物，说它完全依赖于某个人，确实令人难以置信，这种看法也说明了一个事实，广义相对论中包含着深刻的思想。没有大胆的革新精神和百折不挠的毅力，没有敏锐的物理直觉能力和高超的数学运算技能，不可能建立广义相对论。从1905年至1915年，爱因斯坦整整酝酿了10年的时间，那是最富于创造力的成熟的10年，最终建立起广义相对论，成为人类思想史上最伟大的科研成就之一。

研究广义相对论需要拥有广泛的知识，几乎超出一个常人毕生所能掌握的知识的无数倍，人类不得不赞美那些伟大的天才，他们的才能让人高山仰止，拥有这样的天才，是人类的福祉。

英国物理学家狄拉克是物理学界最不爱说话，更不爱说恭维话的大师，但他曾在许多公开场合一再表示，广义相对论是人类最伟大的科学发现。1917年，爱因斯坦在大病之后，也曾坦然地向朋友们表示，病痛与死亡于他都不重要，重要的是广义相对论在他有生之年最终问世。

1919年，欧洲各国的报纸都把新闻焦点对准了爱因斯坦，对准了绝大多数人并不懂得的广义相对论。伦敦《泰晤士报》、法国《法兰克福大众日报》、柏林《沃赛西日报》、瑞士《新苏黎世报》等各国报刊媒体，纷纷对爱因斯坦及其广义相对论进行详尽的报道，并赋予爱因斯坦“世纪伟人”的美誉。

爱因斯坦本人也曾接受伦敦《泰晤士报》的邀请，写一篇文章，他这样诙谐地写道，报上关于他生活和为人的报道，尽是作者的凭空想象，只是为了取悦读者，与他本人相距甚远。还有相对性原理的另一种应用，比如，他在德国被称为法国的学者，而在英国则被称为瑞士的犹太人。假如命中注定要被描写成一个最讨厌的家伙，那么对于德国人来说，他就变成了瑞士的犹太人，但对于英国人来说，却又变成了德国的学者。

可以说，1919年以前，爱因斯坦只是引起新闻界的关注，并只限于说德语的国家，在1919年以后，爱因斯坦才真正成为一名世界风云人物。例如，美国的《纽约时报》，在1919年11月，开始提到爱因斯坦，但直到他去世，这家报纸频繁出现他的名字，内容通常是与科学有关的报道，但更多的是他生活的方方面面。

从公众舆论方面说，爱因斯坦的传奇故事始于1919年11月《泰晤士报》的报道。同年，美国《纽约时报》以其惯有的耸人听闻的方式，把爱因斯坦的相对论与俄国“十月革命”政治事件的影响编排在一起。

有一次，爱因斯坦接受《纽约时报》记者采访，记者问他读懂他著作的人是否多于12个人，爱因斯坦闻听此言，忍不住捧腹大笑。在他看来，捕风捉影的新闻界根本不懂得相对论，只是故意制造新闻噱头，引起世人关注。

从1919年开始，欧美新闻界对爱因斯坦极为关注，特别是《纽约时报》，连篇累牍地渲染相对论的神秘与潜在的破坏性，他们宣称，爱因斯坦可以是伟大的天文学家，但却可能是蹩脚的逻辑学家。他们甚至诋毁爱因斯坦，扬言相对论的传播，将使数学家面临一个恐怖时期，或者是学术界的厄运时期。他们还针对一些人不理解广义相对论而提出的责难，劝告读者说，不要因为没人懂得这怪异的科学理论而怪罪于爱因斯坦。

就这样，一个让人难以理解的物理学理论，成为新闻媒体关注的焦点，引起种种猜测、联想和非议，实在是一个有趣的话题。爱因斯坦不仅创立了20世纪的新物理学理论，赢得世界瞩目，在新闻史上留下了传奇声名，在很大程度上，这声名是新闻媒介制造出来的。

当然，爱因斯坦的广义相对论，确实包含着某些令人恐慌的信息。在广义相对论面前，旧的稳定的宇宙秩序轰然倒塌，一种未知的宇宙新秩序的信息，让人们激动而又恐慌。在人们眼中，爱因斯坦用奇怪的谁也无法理解的语言说话，他的理论唤起人们心中的波澜。古往今来，人们都对星球和光线有着亘古不变的惊异和畏惧。在人类神话和梦想中，遥远的星辰日月，始终让人们无法破解和控制，充满了神秘的色彩。

不管怎么说，爱因斯坦瞬间成为世人崇拜的偶像，他的传奇故事也传遍世界，被誉为“世纪伟人”和“当代著名的物理学家”。1923年，爱因斯坦到日本访问，抵达车站时，人群密集，欢呼雀跃，人们为能亲眼看到这位伟大的物理学家，从四面八方汇集到此，熙熙攘攘，拥挤不堪，让警察都感到束手无策。

在日本，迅速燃起的“相对论热”，让爱因斯坦的每次讲演都是人山人海，水泄不通，往往聚集上千名观众。那时，要想知道爱因斯坦教授在哪里做报告，只要留意一下奔跑的人群就能知道。

在听众中，凑热闹、赶时髦的人当然是大多数，并掺杂着不少外国游客。一位目睹当时情景的人曾经这样描述：在报告厅里，坐着许多身穿珍贵裘皮大衣的阔太太，她们翘首仰望，或手举望远镜，仔细端详着这位著名的学者。每次报告结束，常常有人冲向黑板，抢夺这位红极一时的学者写字留下的粉笔头，或努力拨开人群，挤到爱因斯坦的身边，强烈要求他签名或与他合影留念，他们只是想把这难得的纪念品或照片带回家，到处向人炫耀。

人们对爱因斯坦的崇拜达到了顶点。1921年，霍尔丹爵士把爱因斯坦推荐给英国皇家学院，那是爱因斯坦第一次访问英国，住在海尔登爵士家里。一进爵士家，海尔登的女儿知道站在眼前的人便是大名鼎鼎的爱因斯坦，竟激动得昏了过去，弄得爱因斯坦手足无措，一时成为笑谈。

海尔登爵士曾这样回忆爱因斯坦的英国之行，他说，爱因斯坦是一个与众不同的人，他不希望自己被人注意，但那毋庸置疑的天才却驱使着他，不许他有片刻的休息。

5. 名誉光环背后的苦恼

严肃的物理学理论，被新闻媒体煽起的热浪冲击得面目全非。爱因斯坦深知，人们在崇敬自己的同时，也是在填补他们自身的无知与无聊。承接赞誉，板起面孔，故做高深状？爱因斯坦做不出来；顺水推舟，在浅薄的赞誉中欣欣然、乐融融？爱因斯坦的境界也没有这么低下。

怎么办呢？盲目崇拜名人的风尚，是人类社会遗留下来的精神创伤。没有独立的思想，没有独立的人格，只有盲目的追捧和崇拜，仿佛只有这样才是时髦的风尚，但在爱因斯坦眼中一文不名。

爱因斯坦式的幽默与诙谐再次派上了用场。有一次，在一位渴望获得签名的年轻太太的纪念册上，爱因斯坦写下这样叫人哭笑不得的一首小诗：

牛和山羊，

在菜园里面做游戏。
在我们两人间，
必然有一个与它们同类。
……

还有一次，他给人家签名时，无奈地写道：

我走到那里，
我站在这里，
总看到眼前有一张我的画像。
在写字台上，
在墙壁上，
在脖上围的黑丝带上，
男男女女怀着仰慕的神情，
来索取签名留念，
人人都想讨到一个签名，
有时我感到无比幸福，
在那清醒的时刻我却想，
是我自己发疯，
还是我误入了牛羊群中。
……

爱开玩笑的爱因斯坦，写下这样一些打油诗之后，内心又时常感到悔悟，怕误伤了人家的感情。好在名人效应总使得崇拜者们诚惶诚恐，他们即使受到爱因斯坦的幽默讽刺，也仍觉得是一种难得的荣光，还喜不自禁地欣赏他的幽默。

出席各种社交活动，是爱因斯坦最为头痛的事。在上流社会的社交场合，出席的人物大都是名流及其夫人。在那种灯红酒绿的场合，人们彬彬有礼，说话温文尔雅，衣着得体大方。谈论的话题，从政治到哲学与科学，他们都会谈一点，可实际上一知半解。

置身在这种场合，附庸风雅地向先生们微笑致意，向女士们说几句无聊的俏皮话，总让爱因斯坦感到头皮发麻，浑身起鸡皮疙瘩。置身名流之中，他虽然谈笑风生，应酬有度，但就是心不在焉，这就是爱因斯坦，一个有思想有原则个性另类的科研专家。

其实，在生活中，爱因斯坦还是相当和善可亲的。他不愿为衣食住行浪费时间，他的穿着极其简朴，一件咖啡色的皮上衣，经常穿在身上，时间长了都显得有些旧了，但依然舍不得扔掉，因为，那是妻子艾尔莎送给他的生日礼物，等到天冷时，他会在里面再加上一件灰色的英国羊毛衫。他还经常穿一套旧式的黑色西服出席宴会，只有在特殊场合，才不得不穿上让他感觉束缚的晚礼服，但一穿上那件晚礼服，他就觉得浑身不自在。

平日里，爱因斯坦最喜欢不受打扰，在自己阁楼式的工作室里，安安静静地写作阅读，但更多的是苦苦地思索。他在静思的时候，习惯把头垂向右边，以手臂撑住，用手指缠绕头上的一绺白发，或者，不时从桌上的三只烟斗中拿出一只叼在嘴上，任思绪随着烟雾袅袅升腾。

爱因斯坦的内心，很喜欢结交朋友，尤其是他喜欢的朋友。他曾经结识了一个医生，名叫鲁道夫·埃尔南，他们常常在柏林的郊外散步交谈。埃尔南曾经这样回忆爱因斯坦：他中等略高的身材，白皙的皮肤，结实的肌肉，一双天使般的眼睛，笑起来眯成一条缝，坦然地注视着周围的事物。他不爱吃药，却喜欢医生，并且喜欢和医生交谈，以此来丰富自己的阅历。

巨大的荣誉和成就，并未泯灭爱因斯坦善良的同情心，让英费尔德深深铭记。1920年，英费尔德第一次会见爱因斯坦，当时，他在雅盖斯基大学学习，到第五学年时，他想到柏林在普朗克、劳厄和爱因斯坦的身边完成学业。但是，出生在波兰的人，特别是犹太人，在普鲁士官僚机构中会遇到非常不友好的对待。久久犹豫之后，英费尔德决定向爱因斯坦求援。

英费尔德还记得，当他怀着忐忑而又激动的心情，按响了爱因斯坦家的门铃，前去拜谒这位当代最伟大的物理学家时，艾尔莎热情地接待了他，请他走进一个布满家具的小房间，让他稍等片刻，因为在那一刻，她的丈夫爱因斯坦正在和中国客人谈话。

英费尔德不安地坐在沙发上，焦虑地等待着爱因斯坦。送别中国客人，爱因斯坦请他进去。他打量着这个伟大的物理学家，只见他穿着黑色的短上衣，条纹裤子，衣服上还掉了一粒纽扣，但简洁朴素的衣服无法掩饰那传递过来的友好微笑和炯炯目光。爱因斯坦礼节性地递过一支烟，用心听着英费尔德结结巴巴地讲述自己面临的困境，并不打断他。爱因斯坦深知，写一封信给普鲁士教育部长—— 一个反犹主义者，不会起多大作用，但他还是愿意帮助眼前这个富有进取心的年轻人，这个想置身科研领域的犹太年轻人。

轰动世界后的爱因斯坦，质朴、善良、乐于助人，这种品质是他抵抗一切虚荣侵蚀的坚强防线，也是他在自然科学领域之外获得广泛人格魅力的重要原因。

20世纪20年代，俄国学者、政治家卢那察尔斯基拜访爱因斯坦，曾这样描绘他所熟悉的爱因斯坦：他眼睛近视，目光忧郁，甚至有些漫不经心。也许，他一半以上的注意力早已转向内心深处的科研思索。然而，在社交生活中，爱因斯坦却是一个异常快乐的人，调动和影响着周围人的情绪。他性情幽默，笑声爽朗，一旦笑起来就像一个大孩子一样。他质朴的衣着、亲切的笑容，富有独特魅力，让人不知不觉跟随心的牵引，逐渐走近他，与他面对或交谈。凡是见过爱因斯坦的人，都被他的人格魅力所吸引。

而艾尔莎，是她的爱与温柔，给爱因斯坦营造了一个安宁的生活空间，她全心全意深爱着丈夫，她竭力使丈夫免受生活拖累，并为他建立起一个安静无扰的科研环境，使他深刻的思想能在这样的环境里渐趋成熟。她对待爱因斯坦就像呵护一个孩子一样，事无巨细，充满伴侣和母亲的温暖柔情。

名誉背后的苦恼，光环背后的烦躁，在猝不及防地袭来，让爱因斯坦感到抑郁烦闷时，总在温馨的家和艾尔莎的款款深情中淡化与模糊。

温柔的妻子，温暖的家，是爱因斯坦疲惫的心停靠的港湾，总在风雨飘摇中，给他带来些许安慰和解脱。

Chapter 8

ALBERT 第八章　播种和平

EINSTEIN

1. 反对战争

传奇般的人生经历，给爱因斯坦带来荣誉和声名，也带来了苦恼和愁闷。

爱因斯坦做梦也没想到，在他到达柏林仅四个月，第一次世界大战就爆发了。他曾十分厌恶过的德国军国主义就是这场战争的发动者，德意志帝国成为一部巨大的战争机器。

一时间，德意志民族陷入战争的喧嚣之中。处处人山人海，战旗飞扬，军歌嘹亮。出征的军人迈着整齐的步伐，怀着视死如归的激情走向战场，也走向死亡。围观的民众欢呼着，纷纷把鲜花和食物赠送给战士。

这一幕幕情景鼓舞着士气与人心，为德国而战，把德国人的民族情绪激发到了顶点。法兰西是世代仇敌，英国佬背信弃义，“俄国熊”落后野蛮。一时间，都成为德国的敌人。

狂热愚蠢的战争口号震天动地，人们也失去正常的判断力。具有煽动性的民族主义热潮，不仅让德国人丧失了理智，也影响了诸多德国学者。肆无忌惮的复仇情绪和盲目的民族仇恨，把学者和教授们席卷进来，纷纷加入了战争宣传。

德国军队侵犯中立的比利时后，英国、法国的报刊纷纷刊登出特大标题：我们爱歌德和贝多芬的德国，憎恨卑斯麦和威廉二世的德国。看到这样的嘲讽，德国的文化名流们仿佛遭受了巨大的侮辱，一些著名学者和文人坐在一起，共同商议起草了一个《告文明世界书》，以此宣告法国人和英国人。他们宣称：要不是德国的赫赫武功，德国文化早就荡然无存了，希望以此宣言来震慑飞扬跋扈的法国人和英国人。

在这个为德国侵略暴行辩护的《告文明世界书》上，有93个著名的科学家、艺术家和牧师签名。X光的发现人伦琴签了名，进化论者海克尔签了名，把祖国看得高于一切的普朗克也签了名。

柏林的科学家，各个都忙于为战争出力。能斯特教授当上了国防部顾问，穿上少校军服，一派自鸣得意的神气。爱因斯坦的好朋友哈伯教授，也穿上了少校军服，这位德国籍犹太人发明了人工合成氨的方法，解决了炸药生产的大问题，继而又研究起糜烂性毒气和窒息性毒气。他还自以为聪明地断言：在和平时期，科学家是属于全世界的；在战争时期，科学家只属于自己的祖国。哈伯教授无论如何都想不到，几十年后，他的犹太同胞成批死在他致力研究的窒息性毒气之中。

《告文明世界书》一出现，就有人想请爱因斯坦也参与签名，但被聪明的普朗克当即拦住。他太了解爱因斯坦了，他不想让他激烈的态度惹恼众人。可是，爱因斯坦不顾阻拦，直言不讳，公然声明自己是和平主义者，并且反对一切战争。

1914年10月，包括爱因斯坦在内的4人签署了一封《告欧洲人民书》，公开与93人签名的《告文明世界书》针锋相对，这个宣言虽然不是爱因斯坦起草的，但同他一生的政治思想契合，并且是他签署的第一个政治宣言。

在这个宣言中，极力倡导阻止一切战争，严肃声明各国间的正常交往和友好往来，是维系全世界文明的纽带，而爆发世界大战，不仅会威胁文化，更会危及民族与国家的存亡，一定要坚定欧洲统一的信念，防止欧洲重蹈古希腊的覆辙，最终导致衰亡与覆灭，呼吁全欧洲人团结起来，共同开创统一和谐健康的新欧洲。

爱因斯坦等四人的宣言，在今天看来，是何等的真诚与理智，尤其是在经历了第二次世界大战后的今天，人们该对爱因斯坦的和平宣言深深致意与鞠躬。倘若，人们当时接受了爱因斯坦的忠告，又该挽回多少血的代价。

但在当时，与93人签署的《告文明世界书》相比，《告欧洲人民书》没有达到预期的效果，政客军人不接受，学者思想家也不接受，就连处在水深火热之中的老百姓也都没有理会与支持。

在一个疯狂的时代，清醒者总是感到孤独与悲哀。事实上，德国任何一家报刊都不敢刊登这份反战声明，倔强的爱因斯坦以科学家的执著与韧性投入到反战活动之中，他到处公开发表与众不同的反战看法，尽自己最大的努力去竭力呼唤和平。

1914年 8 月，爱因斯坦写信给埃伦费斯特，他在信中说：“在惊慌失措的欧洲，正发生着让人惊悚的世界大战，国际间的灾难沉重压在我身上，让我无法置身科研，保持沉默……”

1914年11月，柏林的反战知识分子组成“新祖国联盟”，他们的纲领是倡导正义与和平，创建制止战争的国际组织。爱因斯坦不仅是该联盟的创始人之一，还是其中一个最活跃的成员。

1916年年初，“新祖国联盟”遭到查禁，转入地下，直到1918年秋，战争结束前，又重新公开活动。战后，这个组织演变成“德意志人权同盟”，旨在增进德法两国人民的谅解，爱因斯坦始终是其中最忠实的会员，直到该组织被希特勒法西斯捣毁为止。在柏林期间，爱因斯坦还曾多次在“新祖国同盟”的会议上登台演说。

1915年 4 月，“荷兰反战委员会”在海牙召开一次促进世界持久和平的国际会议，谋划由荷兰政府出面斡旋停战。当会议消息在德国报纸公布时，德国外交部拒绝这一计划。在海牙会议期间，爱因斯坦向荷兰著名物理学家洛伦兹提出建议，动员中立国科学家参加和平活动，希望不同国家的同行们团结在一起，共同呼吁世界和平，但却遭到洛伦兹的拒绝。

善良的爱因斯坦，把人类的战争行为理解为兽性的行为，并表示深深的愤慨，他想借助呼吁泯灭人类的战争冲动，他以一个科学家的思维方式，试图去建立一个明晰和谐的世界秩序，不免有些过于天真，但就是靠这份天真的良知，爱因斯坦反战的呼吁引起了人们的广泛关注。

爱因斯坦与法国大作家、反战的人道主义者罗曼·罗兰早就相识，并有书信往来。1915年 3 月，爱因斯坦写信给罗曼·罗兰，他在信中说，通过报纸报道，了解了罗曼·罗兰是何等英勇，为消除法、德两国人民之间的可悲隔阂所做的卓越努力，表示由衷的钦佩和敬意，相信他光辉的人格和精神定会影响品格高尚的人，追随着他的足迹，为人类的和平和谐而献身。爱因斯坦感慨地说，在交战双方的国家，各自站出一个怀着人类良知的反战勇士，或许就是人类的希望。他希望能与罗曼·罗兰为伍，并肩战斗，致力维护世界和平。

1915年秋，爱因斯坦想去看望前妻米列娃和孩子们，便从柏林来到瑞士。他在苏黎世朋友的陪同下，拜访了住在瑞士的罗曼·罗兰。这次会晤使爱因斯坦意识到，在所有的交战国中都有反战团体。同罗兰的谈话不仅使爱因斯坦受到极大鼓舞，他感觉自己已经成为国际友好团体的一名战士，而不再是一个孤独无援的呐喊者。

同样，爱因斯坦也给罗曼·罗兰留下了深刻的印象。罗曼·罗兰曾这样描述两人的会晤：他很年轻，身材不高，脸盘大而长，头发浓密，略微卷曲，夹杂少许银发，高高的前额，鼻子略显肥大，嘴唇丰满，小胡子剪得短短的。他说法语，有困难时，常常夹杂一些德语。他活泼爱笑，时常用幽默的方式来讲述最深刻的思想。他自由地发表对德国——对自己第二甚或第一祖国的看法，任何一个德国人决不会这样愤慨地发表言论。在这可怕的一年里，每一个处在他这样地位的人，都会由于精神上的孤立而感到痛苦，然而爱因斯坦却不，他努力笑，并且努力探寻科学活动的办法。

两位思想家的思想在这里交汇融合，他们谈的更多的是理想与和平，是各国人民携起手来建设新的生活。但他们的声音太微弱了，淹没在莱茵河两岸民族疯狂的叫嚣声中，淹没在隆隆炮火声中。理性的声音，总会在历史的夜空永恒地穿行，总有一天，欧洲和全世界都会听到他们的声音。

与罗曼·罗兰的会晤，同样给爱因斯坦留下深刻的印象。1926年，为庆祝罗曼·罗兰的60岁生日，苏联文学家高尔基、奥地利文学家兹伐格和法国文学家杜阿梅耳发起编辑一部祝贺文集《友谊之书》，爱因斯坦应邀写了一封贺信，在信中，他深切回忆了1915年两人的会晤，把罗曼·罗兰誉为伟大的精神鼓舞者，带领和鞭策有良知的学者投身世界和平，并对罗曼·罗兰予以最诚挚的祝福。这封信表明，第一次世界大战在爱因斯坦的心灵投下了深重的阴影，他敬佩罗曼·罗兰的正直良知与勇气，鼓舞了他在二战期间所做出的杰出社会活动，一个伟大的自然科学家，总会关切注视人类生存的环境。

1915年至1918年间，理论物理学教授玻恩与爱因斯坦过从甚密。他曾在回忆录《回忆爱因斯坦》中，这样描述：当时，已经形成了反对与拥护爱因斯坦的派别。爱因斯坦既不隐瞒自己的观点，也不把观点强加于人。他是一个和平主义者，认为诉诸武力解决矛盾和纠纷毫无意义。战争即将结束时，德国某些重要人士，经常举办晚会，邀请外交部的高级官员出席，并讨论将由美国参战的潜艇战问题。在这样的晚会上，爱因斯坦经常发表言论，他的态度镇定自若，言谈举止清晰感人，就像是在论述理论物理学问题。

在那段时期，爱因斯坦还经常与国外反战人士会晤，不理会德国好战分子对他施加的种种精神压力。在爱因斯坦所在的科学院中，沙文主义的狂热情绪也越来越浓厚，一批物理学家竟公开发表一封信，让人们在科学研究中不要引用英国学者的著述，贬低英国人和法国人的理论肤浅，宣扬德国科学理论深奥，并以此自诩。

对此，爱因斯坦不屑一顾，他仍然坚持大声疾呼反对战争，

宣扬战争对文化的破坏和影响，导致国家贫困，经济萧条，倡导人人都做一个和平主义者。

1917年秋，对于俄国工人和农民革命的胜利，爱因斯坦表现出由衷的喜悦。他认为，这是马克思学说在一个大国里的一次成功尝试，也是在社会平等基本原则基础上，建立新的社会制度的初次试验。几年后，他著文表达了对十月革命和俄国革命导师列宁的崇敬心情，他认为，列宁是一个为争取实现社会平等而献出一切的伟人，虽然手段欠妥，但有一点应该肯定，像他这样的伟人是人类良知的洗革人和捍卫者。这些言词堪称为历史文献，因为在当时，德国还没有任何一位大自然科学家，能像爱因斯坦这样坚定而明确地崇敬列宁的高尚品德，赞扬十月革命的人道主义精神。

在战争岁月里，爱因斯坦满腹愁肠，为人类的命运及未来忧心忡忡。战争在继续，爱因斯坦希望真理之声传遍全球的理想破灭了，他希望把人们从极端、狭隘的民族主义中解脱出来的努力也无济于事，他变得前所未有的悲观起来。

大战结束前一年，爱因斯坦的身体垮掉了。他早就有胃病，那是苏黎世和伯尔尼的穷困生活赋予的，他本来身体强壮，但是他的思想没有固定界限，生活没有固定规律，再加上

他成年累月、不分昼夜地紧张思索，希望和绝望、激动和狂喜所带来的情感上的巨大波动，身体终于难以维系。两个月里，体重竟减轻了十几公斤。但是，爱因斯坦不会倒下去，人类的良知不会泯灭，相对论的理论还要发展，这些美好的愿望再次支撑起爱因斯坦巨人般的身躯。

2. 呼吁和平

从爱因斯坦的政治信仰来看，他属于德国资产阶级民主派左翼，坚决反对威廉君主政体。

1918年秋天，德国爆发了士兵起义和工人罢工，前线也开始崩溃。当年11月，威廉二世被迫退位，仓皇出逃，德意志共和国成立。

爱因斯坦亲眼目睹革命取得最后的胜利。那一天，爱因斯坦要到柏林大学去讲学。大街上，人群拥挤，水泄不通，长长的大学生游行队伍摇旗呐喊，共同欢庆革命的胜利。

爱因斯坦激动地看着眼前这一切，心情舒畅，回到家里，直奔书桌，在讲稿下边，写下一行醒目的小字：11月9日，革命胜利，停课一天。

当时，爱因斯坦对“独立社会民主党人”表示支持，因此，他的政敌们把他看做是德国独立社会民主党党员，事实上，他从未参加过任何政党。

4 年的血腥残杀终于结束，德国投降，割地赔款，丧权辱国，让许多德国人垂头丧气，全国上下笼罩着悲观的情绪，赔款导致的饥寒交迫，使共和国面临着严重的困境。

这时候，从苏黎世和莱顿纷纷发来热情的邀请，让爱因斯坦离开饱经创伤的德国，到中立国瑞士和荷兰去，并且提供丰厚的报酬和安乐的生活。但是，此时的爱因斯坦，却对祖国依依眷恋。1919年 9 月，爱因斯坦给埃伦费斯特写信，他在信中承诺，决不背弃柏林。在祖国遭受屈辱的时刻，义无反顾地离开，他觉得愧对那些深情厚谊的朋友。

但爱因斯坦似乎过于天真，他以为有了一个共和国的形式，他所期望的和平、民主、自由的社会主义，就有了切实的保障，其实不然。不久，爱因斯坦再次陷入失望之中。虽然战争停止，一派祥和宁静，但仍存在着十分尖锐的对立，整个城市笼罩在军人的飞扬跋扈和民众的愤恨，还有残酷的困苦和饥饿之中，国家处于奄奄一息的境地。

由于共和国的领袖们向反动派投降，且与他们同流合污。反动派便得寸进尺，步步紧逼。战争结束后，德国陆军总司令兴登堡元帅反攻倒算，宣称德军吃败仗，是因为背后中了暗箭，编造谎话蒙骗民众，把战争失败归罪于所谓的“十一月罪人”，并且叫嚣讨伐。

1922年6月，右翼分子谋刺前总理谢德曼。几天之后，外交部长拉特瑙也遇刺殒命，这位才华出众的部长是爱因斯坦的好朋友，也是一个犹太人。在柏林城里，一时谣言四起，说暗杀的黑名单上，下一个就是爱因斯坦了。因为反动派所谓的

"十一月罪人"，包括和平主义者、民主主义者和犹太人，而爱因斯坦身兼三者，他的名声越来越大，被推上德国和世界的政治舞台，更引起反动派的疯狂仇恨。

1922年，"排犹主义"恶势力极其猖獗，为了保护爱因斯坦，多方提醒他，不要在柏林逗留，更不要在德国公开露面，以防成为那些谋杀行动策划者的眼中钉，但爱因斯坦并没有理会。

在这种形势下，他与社会主义者、资产阶级左翼政治家和人文科学家蔡特金、豪夫曼、科尔维茨、摩伊斯、格勒茨、曼西茨维克等，共同签署了许多有关政治和人道主义的宣言及声明。

1923年，爱因斯坦参加的"新俄国朋友会"，成为最热心的成员之一。该组织的宗旨是促进德国和苏联人民之间的谅解，推动两国文化交流的进一步发展。爱因斯坦积极参与这个组织的各类活动，呼吁和平，倡导和谐世界。

1921年年初，列宁派遣文化使者菲德斯曼到柏林，菲德斯曼顺便拜访爱因斯坦，他转告爱因斯坦，苏维埃俄国即将出版一批科学技术书籍，其中，包含关于相对论的内容。爱因斯坦非常高兴，他让菲德斯曼带去他对列宁的诚挚问候。

爱因斯坦深知，俄国人正在挨饿受冻，此时，他们或许更需要面包来果腹，需要衣物来取暖，渡过当前难关。但这些理想主义的革命家，却对空间、时间这类抽象的科研问题感兴趣，可见他们宽广的胸怀和远见，让爱因斯坦非常感动。此后，他始终坚持用行动来帮助苏联。当时，苏联派到德国来的留学生和科研工作者时常受到冷落歧视，但在爱因斯坦的教室、工作室和家里，却总是受到热烈欢迎和款待。

对于苏联人民，爱因斯坦总是满怀深情厚谊。20世纪20年代，他在柏林经常与苏联知识分子交往，其中，有的还是共产党员。此外，他还曾经资助德国共产党建立和领导的“妇救会”，支援因政治案件被关押的工人党党员及其家属。后来，共产党员和社会党人也邀请他在马克思主义工人学校做过报告，表明无产阶级对爱因斯坦的敬重。1930年，爱因斯坦到柏林一所学校，给在那里学习的劳苦民众讲解相对论，并一起畅谈哲学和政治，深受欢迎。

1924年，德国电机工程师奥尔格·阿尔科写信给爱因斯坦，阿尔科是德苏友好团体“文化技术东方协会”的理事，他代表这个团体聘请爱因斯坦成为协会理事，并诚邀他前去苏联访问。爱因斯坦表示感谢，婉拒了邀请，因为他不允许自己中断科研工作，而选择去轻松旅行。

当然，爱因斯坦还不能算是一个真正的共产主义者，他一直对无产阶级专政持保留态度，他热衷的是动员一切知识分子为反对民族沙文主义，争取社会公正，实现世界和平而斗争。反对暴力和战争，是爱因斯坦关于社会问题的最基本信念。

1922年，爱因斯坦接受国际联盟的邀请，应邀参加一个“国际知识分子合作委员会”。他不清楚这个组织的底细，只了解是为了和平事业而进行的国际合作，委员名单上又有洛伦兹和居里夫人等要人，就欣然应允。在这个委员会中，他接触到各种政治倾向，促使他从和平主义转变为反对战争而斗争的明确立场。

1923年1月，法国政府拒绝服从德国战争赔款支付问题的仲裁，并且出兵占领德国的鲁尔区。1923年3月，爱因斯坦结束对亚洲和西班牙的访问，立即声明退出“国际知识分子合作委员会”，在他看来，国际联盟既不具备为达到它的目的所必需的力量，也不具备必需的诚挚愿望，作为一个虔诚的和平主义者，有悖于他的原则和立场，他只能选择退出。可见，和平主义已经不能代表爱因斯坦的内心愿望，在国际联盟的活动中，他不仅寻找善良的愿望，而且寻找反抗的力量，但事实让他感到失望。他的许多志同道合者，特别是居里夫人，一再对爱因斯坦做工作，让他相信，在国际联盟范围内，可以促进学者们的国际合作，这种合作可以使所有的人摆脱民族主义。这一点，爱因斯坦深信不疑，只是，倔强的他不能改变退出的决定。

在20世纪20年代，爱因斯坦对科学的力量充满信心，他认为，科学传统作为文化教育的力量，能对人们起到强有力的作用，而使他们抛弃疯狂的民族主义。所以，当战后筹备召开索耳末物理学讨论会时，有人提出，阻止德国科学家参加，爱因斯坦极为愤怒。

1923年7月，洛伦兹试探性地询问爱因斯坦，是否愿意接受邀请时，爱因斯坦严词拒绝，他讨厌在科学领域中以任何形式出现的民族主义情绪，这也是他退出国际联盟的重要原因。

1923年12月，爱因斯坦给他一向敬重的居里夫人写信，再次表达他对国际联盟的不满，声称没有听从居里夫人的劝告退出国联委员会，不是出于卑下的动机，也不是由于同情德国人，是因为深信，国联委员会的所作所为已经像一个强权政治的驯服工具。而他，宁愿待在安静的书房里，也不愿为外界人们的行为而心烦，请居里夫人理解他的感受，谅解他义无反顾地退出。

可是，一年之后，爱因斯坦的态度又发生了变化。1924年5月，他给国联委员会副主席吉尔伯特·默里写信，谈到当初退出委员会的轻率，坦承自已主要是受负面情绪影响，没有经过清醒的思考，希望国联委员会作为国际组织，为国际间的和解，做出最大的努力。1924年6月，国联秘书长埃里克·德拉蒙德正式邀请爱因斯坦重新参加委员会时，他欣然同意，并于当年7月首次出席会议。

爱因斯坦在“国际知识分子合作委员会”任职的 8 年里，出席过一些会议，做了许多次发言。他呼吁改革中小学教育，禁止学校利用教育向孩子们播种误解和仇恨的种子。他倡议成立世界政府，防止国与国之间的冲突。然而，爱因斯坦善良的愿望再次化为泡影。

作为一个伟大的物理学家，爱因斯坦在宇宙间找到了和谐与秩序；作为一个善良的人，爱因斯坦在人世间看到的却是永无止境的分裂与混乱。

3. 巡回大使

1920年6月，爱因斯坦成为莱顿的特邀访问教授，他可以在方便的时候，到莱顿大学讲学。1920年10月，爱因斯坦就任莱顿的新职务，并发表就职演讲。1921年11月—1930年4月，爱因斯坦多次访问莱顿并讲学，1952年9月，任期才正式结束。

爱因斯坦喜欢莱顿，那儿有老朋友埃伦费斯特，可以自由畅谈物理学问题；那儿有让人心旷神怡的自然风光，古老幽静的小城，可以自由闲散地散步；那儿没有繁文缛节，没有令人讨厌的社交活动，让爱因斯坦发自内心地喜欢。

在莱顿大学，爱因斯坦过得舒畅顺心。但有一天，他和埃伦费斯特正在午睡，电话铃响了，原来，荷兰女王陛下前来视察，听说著名的爱因斯坦教授正在莱顿讲学，很想见见他。这下可忙坏了埃伦费斯特夫人，爱因斯坦的礼服远在800公里之外的柏林家中，他从不带礼服到莱顿，埃伦费斯特夫人急忙打电话，四处联系朋友借礼服，最后终于借到一身合适的礼服，才算搪塞过去。到处寻找礼服拜见女王陛下，一时成为莱顿大学的笑谈。

爱因斯坦与埃伦费斯特一家结下了深厚的友谊，埃伦费斯特一家人都忘不了他每次进门的幽默欢笑声，也总记得爱因斯坦常说的那句话：一个人，除了床、提琴、桌子和椅子，还需要什么！

1919年11月，世界各地的请柬潮水般涌来。爱因斯坦风尘仆仆，从一个城市赶往另一个城市。他每到一处，都要做关于相对论的演讲，也不忘呼吁和平。他就像一位巡回大使，执行着民族和解的神圣使命。为了恢复德国的国际地位，他把德国科学的威望带到世界各地，又把自信心带回德国，鼓舞德国人民建设一个民主自由的新德国。德国统治者也想通过他的巨大名声，使德国重新获得世界各国的认同，所以，对爱因斯坦的频繁出访，他们给予默认，并密切关注着世界各地的反响。

莱顿之行后，布拉格邀请爱因斯坦去演讲，布拉格对他而言，算是旧地重游。当大晚上，在拥挤的乌兰尼亚协会大厅里，举行了演讲会。在欢迎仪式过后，该轮到爱因斯坦讲话了，只见他出人意料地拿起小提琴，竟然幽默地笑着说，要为大家演奏一曲，缓解一下严肃的气氛，并投入地演奏起来，优美舒缓的小提琴曲，立刻引来阵阵惊叹和掌声。

离开布拉格，爱因斯坦奔赴维也纳，在3000人的音乐大厅发表公开演讲。在维也纳，他住在奥地利物理学家费利克斯·埃伦哈夫特的家里，他们曾经是一对永远不会停止争执的老朋友。埃伦哈夫特的妻子是奥地利有名的妇女教育组织家，她想让爱因斯坦在演讲会上显得仪表堂堂，就从他带来的两条裤子中拿出一条熨平，亲手交给爱因斯坦，让他马上换上，可是到了演讲大厅，夫人大吃一惊，看到可爱的博士根本没有换上熨好的裤子，仍然穿着皱巴巴的那条。而参加演讲会的名流们，他们看到的，却是一个不拘小节的爱因斯坦。

1921年3月，爱因斯坦踏上访美的旅途。在纽约港口，迎候的民众人山人海。当他乘坐的邮轮靠岸，记者们蜂拥而上，把他围在甲板上。无论他怎样逃避采访，也不论艾尔莎怎样帮助抵挡，依然逃不脱记者的围攻，爱因斯坦第一次见识到美国新闻记者的厉害。

在采访过程中，记者们一再请求他用简短的语言来阐述相对论的本质。用几句话解释一门新科学理论，科学家们会认为，这是天方夜谭，但新闻记者就只要几句话，因为说得再多，他们也听不懂。爱因斯坦回答得绝妙无比，他说，如果你们不过分苛求答案，并把它当做一种玩笑来接受，那么，我可以这样解释：从前人们以为，如果所有的物体从宇宙中消失，时间和空间依然存在；而根据相对论，时间和空间将同物体一起消失。

这样简短的解释，让记者们听得一头雾水，他们一再追问，全世界只有12个人懂得相对论，这信息是否属实。爱因斯坦听了，一脸的天真无邪，他两手一摊，耸耸肩，笑着解释说，任何一个物理学家都能弄懂相对论，更何况，他在柏林的所有学生都能懂，怎么能说只有12人呢！

喜欢花边新闻的记者们又把问题抛向艾尔莎，追问她是否懂得相对论，艾尔莎诚恳地回答说不懂，因为对于她来讲，只要幸福地经营生活，不必非要懂得相对论，她所掌握的数学知识，只要能够记好日常消费账目就行。机智的艾尔莎，经过多年的追随与磨炼，早就知晓怎样对付这些可恶的记者，她的一番外交辞令，不仅把围观的记者们逗笑了，也把她的丈夫逗笑了。

在纽约，从游船码头到下榻宾馆，到处涌动着想一睹爱因斯坦风采的美国人，他们把爱因斯坦拥上敞篷汽车，让他接受纽约人的诚挚欢迎，爱因斯坦坐在车上不知所措，一会儿举起烟斗，一会儿拿起小提琴，直到艾尔莎提醒他，应该向周围人群致意，爱因斯坦这才读懂坐敞篷车的意义，孩子般的笑容立刻浮上脸庞。这富有诗意的笑容，一下抓住了美国人民的心，新大陆上刮起的爱因斯坦旋风，比欧洲更强劲更持久。

在访美期间，爱因斯坦做过许多学术报告，尤其是在普林斯顿大学的四次报告最成功。这几篇报告几经修改，以《相对论的四个讲座》为题出版，后来又更名为《相对论的意义》，成为爱因斯坦的主要科学著作。

爱因斯坦访美时，美国也燃起了“相对论热”。在欧洲，尽管他极力回避种种公开场合，但对他的个人崇拜已使他无法再待下去。然而，到了美国，热浪更高。而且，美国人对爱因斯坦的兴趣更浓厚，并且更关心相对论之外的东西。美国报刊上津津乐道的是爱因斯坦的小提琴，曾经报道爱因斯坦和提琴形影不离，时常在胳膊下夹着提琴盒，看上去更像是欧洲的著名琴师，并且笑称，比起许多著名的艺术大师来说，就是他的头发显得稀少。类似这样的报道，成为美国人茶余饭后的谈资。

还有笑话说，“爱因斯坦热”的旋风也刮到了美国国会。参众两院的议员，纷纷扔下手里的宪法修正案，讨论起爱因斯坦和相对论。一位议员坦白承认，不懂相对论。另一位议员则说，企图了解爱因斯坦的相对论，结果差一点儿发了疯。还有一位议员，引证某某伯爵的宏论，说世界上只有两个人懂得爱因斯坦的理论，可惜一位已经去世，而爱因斯坦教授本人，由于年事已高，也把自己最新发现的理论给忘了。这一番妙言，赢得全场拍手叫好。大家雄辩滔滔，最后一致承认，参众两院谁都不懂相对论，所以，谁也没有丢面子。

爱因斯坦是欧洲古典学风的典范。美国人活泼开朗，喜欢评头论足，且对新生事物感兴趣，他不仅不欣赏，反而做出一些偏颇的评论。回到德国后，他对一家荷兰报纸谈过访美印象，他坦承，那里的人让他感觉有些无赖，纽约、波士顿和芝加哥等大城市，尽管都有戏院和剧场，但在精神上，上百万居民的城市却显得有些空虚。

在访美归途中，爱因斯坦又到伦敦短暂停留。在英国，他首先去拜谒牛顿墓，并恭恭敬敬献上花圈。接着，他应邀去皇家学会演讲。英国的广大听众对爱因斯坦的态度是谨慎的，因为他们知道，他是世界知名的学者，代表着德国的科学。开始，人们并没有以掌声来欢迎他。爱因斯坦注意到了这一点，站在皇家学会的演讲大厅，他阐述科学的国际意义，英德两国科学家的杰出探讨，以及英国人民在科学发展史上的作用，最后感怀牛顿对人类所做出的贡献。坦诚的爱因斯坦，以诚挚的语言、真实的情感、深刻的思想打动了英国的听众，扭转了他们的情绪，也扭转了英国科学界的情绪。可以说，伦敦演讲成为学者们国际合作的一个纲领。

在伦敦，爱因斯坦夫妇住在一幢贵族宅邸中，住宅规模比他们在柏林的寓所大多了。爱因斯坦被英国人数不清的严格礼节弄得窘迫与尴尬，贴身仆人寸步不离地跟随侍候，让他感到恐慌。爱因斯坦每次看见那个身穿制服的仆人，总在瞬间产生逃离的愿望，并和妻子幽默地探讨，怎样才能甩掉这盯梢一样的随从。1921年6月，爱因斯坦结束了访英，重返柏林。

1922年，应法国物理学家郎之万的邀请，爱因斯坦在法国公学讲授相对论。在这以前，法国哲学学会也有过类似的邀请，慑于当时德国科学家与任何国家都无学术交往，爱因斯坦婉言谢绝，后来确信应邀访法对增进彼此了解有益，就接受了邀请。1922年3月，爱因斯坦来到巴黎，进行演讲。这是第一次世界大战后，第一个在法国公开露面的德国人。

抵达法国之际，郎之万和另一位法国物理学家诺尔德曼前去迎接爱因斯坦。通过消息得知，民族主义保皇派准备在车站寻衅闹事，为了保护爱因斯坦，他们选择从车站侧门进城，受到年轻大学生的列队欢迎。

在法兰西协会最大的讲演厅，爱因斯坦解读相对论，为了防止捣乱分子破坏，郎之万和前总理、数学家潘列维亲自把守大门，一一验票入场，维护了现场秩序。

法国共产党中央机关报《人道报》曾这样报道，报告厅里座无虚席，这是第一次学术讨论会，巴黎所有的物理学家、数学家、教授以及科学院院士都来出席。3 天后，爱因斯坦参加了在索尔波纳举行法兰西哲学协会会议，在会上，他阐明了对康德哲学、马赫哲学的看法。

与美国、英国不同的是，著名的巴黎科学院拒绝接受爱因斯坦。在这个以保守和偏见闻名的最高学术机构里，有30名院士表示，如果爱因斯坦要来，他们就选择离开。所有这一切，爱因斯坦当然有所耳闻，于是他拒绝邀请，使他的许多朋友免遭难堪。其实，个性倔强的爱因斯坦才不稀罕什么科学院呢，他宁可去凭吊昔日的战场，也不愿到那个充斥着傲慢与偏见的学术机构去讲学。

返回德国的那天，爱因斯坦访问了法国东部遭受战争破坏的城镇和乡村。面对颓垣残壁，他再次流露出对战争的憎恶，并极力谴责威胁人类文化基础的法西斯主义，表示不惜一切代价呼吁和平消除战争。

在法国，这位著名的相对论创始人，虽然没有受到一年前他在美国和英国那样隆重的欢迎，但是，他的访问在学术上却取得了巨大成功，可以说，在当时有着重大的政治和道德意义。爱因斯坦也自喻自己是一个“和平的使者”，把访问巴黎看做是德法间的进一步了解和谅解，并重新开辟被帝国战争摧毁的自然科学交往的道路迈出的重要一步。

爱因斯坦离开巴黎返回柏林，不久，日本寄来邀请函，等候他的光临。1922年秋，爱因斯坦夫妇来到马赛，乘日本轮船出发去东方。他们穿过地中海和印度洋，所到之处，受到东方人民最诚挚的欢迎和礼遇。

在旅行日记中，爱因斯坦写下了沿途的所见所闻及感受。他记述了锡兰的人力车夫，感觉坐在软绵绵的车垫上，就像坐在针毡上一样难受。而在大街上，随处可见的乞丐，拥挤不堪的贫民窟，饥寒交迫的民众，都让爱因斯坦感到触目惊心，内心无比震撼。

爱因斯坦抵达神户，欢迎他的民众人山人海，接连不断的讲演、会晤、接见和访问开始了。演讲会上，千万人端坐恭听他们不懂的德语，然后耐心听取日本学者翻译，第一次演讲持续了4个多小时。这种需要翻译的演讲，让爱因斯坦也感到有些别扭，为了体恤听众，在第二个城市里演讲时，只延续了两个小时。可是他错了，爱因斯坦的日本同行有点不好意思地向他反映，这种压缩使听众感到不畅快，甚至一再要求延长演讲时间。

在日本访问期间，《爱因斯坦科学论文集》日文版正式出版，这是第一部爱因斯坦论文集，不是母邦的德文，也不是其他欧洲文字，而是一种陌生的东方文字出版，这使爱因斯坦对勤劳好学的日本人民产生了敬意。

走访在日本的诸多城市，在复杂的接见、会晤、演讲之外，日本的茶道，给爱因斯坦留下了深刻的印象。在爱因斯坦的感受当中，日本是奇妙的，景色如画，民族优秀，人民温文尔雅，儿童天真可爱，富有进取心，是一个充满希望的国家和民族。

几个星期之后，爱因斯坦从日本返回，带着东方人民的深情厚谊，满载礼物而归。回国途中，还到巴勒斯坦进行访问，逗留了半个月，并且成为特拉维夫市的第一个荣誉公民。

在巴勒斯坦，爱因斯坦受到最高级别的待遇。在这里，一向不拘礼节的爱因斯坦也不得不遵守礼仪。每次外出，府邸里都要鸣响礼炮；每到一处，都有一队戎装的骑兵列队跟随。在隆重的接见宴会时，都要一丝不苟地遵守全套的英国礼仪。爱因斯坦以宽容的态度客随主便，艾尔莎却有些不满，她觉得那些礼仪荒唐而无趣，她意识到，在某些场合，人们能够原谅搞错礼仪的爱因斯坦，却不能原谅艾尔莎，有时甚至在报上嘲笑，让她感到郁闷和烦躁，不愿再参加某些活动时，就找借口进行回避。但爱因斯坦却变得宽容而有耐心，他劝慰妻子尽量忍耐一些，毕竟访问他国也是一件有意义的事情。

1923年3月，爱因斯坦夫妇到达马赛访问，又从马赛前往西班牙，在马德里大学作学术报告，受到热烈欢迎。

1923年6月，爱因斯坦去瑞典，参加诺贝尔奖金授奖仪式。授予爱因斯坦诺贝尔奖金，是1922年11月决定的，爱因斯坦在赴日本讲学的途中，接到了颁奖通知。诺贝尔奖授予爱因斯坦的问题已探讨多年，但由于当时有很多人对相对论存有偏见，直到1922年秋，瑞典科学院才决定回避相对论的争论，因为发现光电效应定律以及在理论物理学领域的其他工作，授予爱因斯坦1921年度的诺贝尔物理奖，并决定把1922年度的诺贝尔奖授予玻尔。1922年11月，玻尔写信爱因斯坦，他对爱因斯坦表示衷心祝贺，并希望他在科研领域取得更大成绩。1923年1月，爱因斯坦也给玻尔写了一封信，他在信中说，收到玻尔的信件，就像得知获得诺贝尔奖一样使他开心，玻尔的原子论研究也让他感到由衷敬佩。

1922年12月，玻尔在斯德哥尔摩领取了1922年度的诺贝尔奖金，而爱因斯坦，一直到1923年7月才去领取1921年度的诺贝尔奖金。

在筹备这次颁奖仪式时，发生了一场外交上的怪事。首先，瑞士大使以爱因斯坦是诺贝尔奖金获得者的国家代表而自居。事实上，爱因斯坦的确还保持着瑞士国籍。但是，德国大使也因此而自居，因为爱因斯坦以普鲁士科学院院士的资格被看做是德国公民。颁奖仪式上的国籍之争，成为外交史上绝无仅有的趣话。

在庄严的授奖仪式上，给爱因斯坦的授奖措词与相对论无关，而是因为发现了光电效应定律，在爱因斯坦的心里，感觉有些失落，也让参加颁奖者感叹唏嘘。

4. 关注中国

爱因斯坦是中国人民的老朋友，对于他以及他的诸多科学成就，毛泽东和周恩来在生前都曾做过高度评价。

早在1919年，爱因斯坦的相对论就开始传播到中国，尤其是1920年，英国哲学家罗素来华讲学，给中国学术界留下了深刻的印象，爱因斯坦也曾在心底关注着这个古老而陌生的中国。

1920年，中国现代大学之父蔡元培与爱因斯坦接触，希望他能够到北大讲学。在梁启超的资助下，蔡元培接受了爱因斯坦所需的报酬，并就此约定，爱因斯坦于1922年12月中旬来华，然而，直到12月30日，爱因斯坦才从日本到达上海，但只是在上海短暂停留，就直接乘船去了新加坡，没有前往北京。

蔡元培一直等不到爱因斯坦的消息，就写了一封诚挚的信去催问，并重申了以前谈妥的条件。爱因斯坦礼貌地回信，说上海有一个叫斐司德的人，受蔡元培的全权委托，向爱因斯坦又提出了违背以前约定的要求，因此，他不准备来了。如今，接到蔡元培的亲笔信，才知道这是一个误会，但他现在已经不能更改旅程计划了，希望能够得到谅解。

1922年冬天，爱因斯坦到日本讲学，途经上海，在此停留了3天。在上海，爱因斯坦受到知识文化界的热烈欢迎，但租界的高楼大厦与上海老城木房子的强烈对比，给爱因斯坦留下了不可磨灭的印象。他亲眼看到了处于苦难中的中国，并寄予深切的同情。这些景象，对于一个想在世界各处看到社会幸福、经济公平、国际和平和阶级和平的人，堪称是一幅不和谐的画面。爱因斯坦看到，这个在劳动着挣扎着的民族是个顽强的民族，他的社会同情心再度被唤醒。

1931年，“九一八”事变发生，日本从东北作为突破口侵略中国的狼子野心已昭然若揭，当时的国际社会却表现出无奈和无能。当年11月17日，爱因斯坦公开谴责日本侵略东三省的行径，呼吁各国联合起来对日本进行经济制裁，可惜回音空荡。

1932年10月，中国共产党的创始人之一陈独秀在上海被捕，他和罗素、杜威等具有国际声望的知识分子联名致电蒋介石，强烈要求予以释放。

1934年，爱因斯坦的文集《我的世界观》在欧洲出版，留学法国的中国物理学教授叶蕴理根据法文译本转译为中文版。1937年抗战前夕，由于国难当头，这本书并没有引起多少反响，但读过的人无不深受启迪，开始严肃认真地思考人生的意义、人与国家的关系等问题。

1936年，在美国普林斯顿大学，爱因斯坦与前来进修的周培源会谈时说，中国人民是苦难的人民。他的同情是真挚的、发自内心的，不是挂在嘴上，而是付诸行动的。

1937年3月，主张抗日的沈钧儒、章乃器、王造时、史良等“七君子”被捕入狱后，他又联合杜威、孟禄等著名知识分子通电援救，向国民党当局施加道义的压力。

1938年6月，为了帮助中国的抗日战争，他还和罗斯福总统的长子一同发起“援助中国委员会”，在美国2000个城镇开展援华募捐活动。可以说，爱因斯坦是真正的世界公民，他的爱是没有国界的，他对中国的感情没有任何功利色彩，完全建立在人类的同情心和强烈的人道主义情怀之上，他的思想也对中国日益产生深刻而久远的影响。

1955年，爱因斯坦去世后，许良英和周培源都曾发表长篇悼念文章。

1979年，在爱因斯坦诞辰100周年之际，北京隆重举行了纪念大会，纪念这位伟大的科学家对人类科学事业做出的巨大贡献。

chapter 9

第九章　回归德国

ALBERT EINSTEIN

1. 重返德国

爱因斯坦在少年时期就厌恶德国，并毅然放弃了德国国籍。

1919年，爱因斯坦声名鹊起，普鲁士科学院院长斯顿夫曾写信给他，向他的引力理论获得成功表示诚挚祝贺，一再表述，德国在军事政治上失败之后，在科学上能够获得如此巨大成就，是德国人民的骄傲，爱因斯坦的科研成果为德国人民增光添彩。

其实，很多德国人是抱着复杂心态来看待爱因斯坦的。第一次世界大战的失利使德国在世界上的地位一落千丈，爱因斯坦的巨大声名就成为统治者利用的政治资本，他们凭借爱因斯坦出访世界各国的机会去宣传德国，并希望以此为德国经济复苏带来好转。

不久，统治者们就发现，像爱因斯坦这样呼吁和平的使者，根本就不适合宣传德国。而且，爱因斯坦在法国人面前发表的反战言论，极大地刺激了德国民族主义分子。当时，一家颇有影响的报纸就发表评论说，无论如何，政府主管部门必须告诫他，对他这样一个有职在身的德国公民来说，与法国人做学术亲善，在时机上极不相宜。更有人到处叫嚣，怒斥爱因斯坦损害民族的尊严，甚至背叛祖国，并且扬言要暗杀他。

1920年，柏林大学的右翼大学生，在爱因斯坦讲课时故意捣乱，爱因斯坦被迫中断报告，愤然离开课堂。后来，学生会出面调停，对这次破坏活动表示歉意，请求爱因斯坦回来继续讲课，事情才算了结。

时隔不久，又掀起反对爱因斯坦和相对论的恶潮。1920年8月，一个“德国自然哲学家研究小组”成立，成员是一些反犹主义分子，他们的宗旨就是攻击爱因斯坦，搞臭相对论。这个组织的召集人叫魏兰德，他在学术界毫无名气，也不清楚来自何方，只是依靠来路不明的金钱，到处找人写文章攻击爱因斯坦和相对论。

在这个组织中，有一位勒纳德教授，他是德国著名的实验物理学家，因为研究光电效应而获得1905年度的诺贝尔奖。正是在这一年，爱因斯坦发表了光量子论，对于勒纳德的实验结果做出了理论解释。当时，在勒纳德的心目中，爱因斯坦就像神明一样可敬。1909年，勒纳德还给爱因斯坦写过一封热情洋溢的信，称爱因斯坦为“深刻的、有深远影响的思想家”。但时过境迁，第一次世界大战之后，勒纳德就投入反动派的怀抱，公开攻击爱因斯坦和相对论。

1920年秋，“德国自然哲学家研究小组”在柏林交响乐厅召开反相对论大会，并恬不知耻地邀请爱因斯坦出席。在批判大会上，有人谴责爱因斯坦剽窃别人的精神财富，攻击他是搞“科学上的达达主义”，辱骂他是“到处叫卖的科学商贩”。有人妄图从专业角度攻击爱因斯坦，诬蔑他的相对论是哗众取宠。当时，尚未得到验证的佯谬，更是成为攻击爱因斯坦的主要炮弹。

会议刚刚结束，一个民族主义派的大学生就冲着爱因斯坦叫嚣辱骂，但爱因斯坦不为所动，自始至终安静地坐在一边，泰然自若，冷眼看着这群跳梁小丑的拙劣表演。

这样荒谬的批判大会，让正义的学者们辗转反侧。会议的第二天，德国三位著名物理学家冯·劳厄、能斯特和鲁本斯，联名在柏林各大报刊发表声明，声称爱因斯坦惊人的科研成就是德国人民的骄傲，在德国科学史上，永远占有重要地位，并且永远没有人能够取代。

1920年 8 月，爱因斯坦也在《柏林日报》发表了一篇文章，标题为《我对反相对论公司的答复》，作为对交响乐厅批判大会的回敬。在这篇文章里，爱因斯坦用犀利的语言，抨击了“德国自然哲学家研究小组”，这个冠冕堂皇的组织的恶意动机，并不是追求真理的愿望，任何一位正直的德国物理学家都承认相对论的建立是合乎逻辑的，是无可争辩的事实，直言不讳反对相对论的，只有“德国自然哲学家研究小组”里的勒纳德。他希望，反对相对论的人，直接把意见向科学家集会提出来。

爱因斯坦的愤怒，引起了官方的恐慌，在他们看来，好不容易有个爱因斯坦为德国人支撑门面，让世人改变对德国的印象，但德国人却如此辱骂折磨他，这多少有些令人耻笑。1920年 9 月，德国文化部长亲笔写信给爱因斯坦，对批判大会事件表示歉意，鼓励他再接再厉，在科学研究的领域再创新业绩。

爱因斯坦的许多朋友，看到他发表在《柏林日报》上的文章后，非常震惊。有些人认为，爱因斯坦的反应过于激烈，有损于他的学者风范和在公众心目中的良好形象。就连远在荷兰的朋友埃伦费斯特也亲笔写信来，对他刊登在报上的答复表示不解，认为他的行为缺乏理智，就算他们的批判偏颇不公正，但爱因斯坦一旦气愤并有所反应，就正中那些愚蠢之辈的下怀，深思过后感觉可怕，他为爱因斯坦的境遇深深忧虑。

对埃伦费斯特的善意提醒，爱因斯坦并不赞同，他给埃伦费斯特复信，表示诚挚感谢，并且解释说，在柏林的每一个小孩都认识他，如果想要继续留在柏林，作为一个民主主义者，就必须得公开发表言论，如果沉默不言，那也不是他的个性和原则。

1920年秋，索末非忧心地写信给爱因斯坦，一是对迫害爱因斯坦的事件表示愤慨，二是请求爱因斯坦，在德国处于危难的时候，千万不要离开德国。索末非说，作为一个公正的人和物理学会主席，他密切注视着柏林迫害事件，并且已同普朗克商议了科学家协会所应当采取的行动。建议该协会的主席冯·米勒对此提出强烈抗议，反对以科学为幌子肆意煽动批判的勾当。他希望，爱因斯坦无论怎样，都不要做出离开德国的决定，而将科研的根基深深扎根在德国。因为，在世界上，没有哪一个国家，能像德国这样深切理解和支持他的工作。德国正蒙受着难以启齿的歧视，它同样不能漠然地看着伟大的科研巨子，悲怆地离开它的怀抱。索末非甚至希望，爱因斯坦再写一篇文章，刊登在《南德意志月刊》上，让他再次对那些叫嚣分子予以还击。

看到索末非的诚恳来信，爱因斯坦非常感动，他立即复信给索末非，他在信中说，索末非对那些攻击行径看得过于严重了，原以为，有不少德国物理学家参与了此事，其实不然。现在看来，愤怒发表那篇答复，确实有些丧失理智。因为，每次发表言论，都被可憎的记者们利用，然后进行大肆宣传，或许，真的应该缄默不言。

在当时情形下，爱因斯坦离开德国的理由多而充分，除民族主义分子的反犹宣传和无耻攻击外，通货膨胀也压得他喘不过气来，生活处境异常艰难。在这种情形下，他还必须经常给在瑞士的他的前妻米列娃汇钱去，因为，在马克贬值的情况下，给她汇去马克已毫无意义。

犹豫之中的爱因斯坦，仍不愿违背当时对普朗克许下的诺言。当然，在他心目中，还对魏玛共和国残存一点希望，以为它还可能把德国引向民主与自由。所以，即使埃伦费斯特一再劝慰他移居莱顿，都被他婉言谢绝了。

爱因斯坦曾经写信给埃伦费斯特，他在信中诚恳地表示，他曾对普朗克许下过诺言，在这里的环境还没恶化到非要离开时，他是不会轻易离开柏林的。如果是迫不得已，或是因为物质利益，离开德国、离开那些温暖他的朋友，他就成为忘恩负义的懦夫了。如果事态的发展，使他不能继续待在德国，他就只能选择离开。如果不是这样，他的离开将违背对普朗克的承诺，成为背信弃义的小人，他将永远不能原谅自己。这就是爱因斯坦，一个坦率正直、重情重义的爱因斯坦。只是，爱因斯坦的道义和责任，并未唤起民族主义分子的良知。

1920年9月，在瑙海姆温泉举行了“德国自然科学家和医生协会”的年会，武装警察出动，以防出现骚乱。在会上，又是这个勒纳德，公然跳了出来，以恶毒的方式攻击爱因斯坦。爱因斯坦也毫不示弱，与勒纳德进行了激烈的论战，让在场围观的群众群情激奋，拍手称快。

这次对峙，无论在理论上，还是在道义上，勒纳德都处于下风。但这一类人自有其卑劣的手段，他们针对新闻界的传播，在排犹主义的报纸上，大肆宣扬爱因斯坦想要离开德国，甚至在柏林的报纸上扬言要暗杀爱因斯坦。爱因斯坦丝毫没有退让，他决定留在德国，为政治理想和科学理想而战斗到底。

不久，爱因斯坦公开加入德意志共和国国籍，再次成为德国公民。但重新加入德国国籍，在以后的日子里，让爱因斯坦为此后悔不迭。

2. 犹太情结

围绕相对论争论表现出来的反犹主义，对爱因斯坦有很大刺激，并使他与犹太复国主义有了接触。

在布拉格，爱因斯坦总是拒绝犹太知识分子举行的民族主义活动。如今，在柏林受到的攻击，让爱因斯坦改变了态度，开始支持犹太复国主义，来回击那些用无耻手段迫害他的排犹主义分子，因为，他已别无选择。

当时，柏林的犹太人分为两大派，一派主张犹太人和德国人同化，一派主张犹太人回到祖先居住过的巴勒斯坦，重建一个犹太国。爱因斯坦对于这些派系之争从来不感兴趣，在他看来，人之所以高贵，是因为有思想，至于皮肤的颜色，鼻子的形状，这又有什么关系呢？一切民族都应该是平等的，民族主义是偏见，是一种原始的幼稚病。

然而，柏林却给他很大的打击，从到柏林的第一天起，爱因斯坦就强烈感受到，黄皮肤、黑头发的犹太人，在金发碧眼的日耳曼人眼里，不过是贱民，连末等公民都算不上。读大学、找职业，处处都有或公开或隐蔽的歧视性条文，就连在大街上行走，也常常会遇到鄙夷的目光和凶狠的咒骂。

尽管许多有才干的犹太人，在学术界、艺术界和金融界取得了很高的地位，但是，作为一个民族，犹太人又是何等的不幸。同胞的不幸就如同自己的不幸，爱因斯坦越来越深地感受到，已成为不幸的犹太民族中的一员。

爱因斯坦对犹太人命运的关心愈来愈多。他认为，对犹太人命运的关注，与先前的民族理想并不矛盾。1919年10月，爱因斯坦分别写信给物理学家保尔·爱波斯坦和埃伦费斯特，诉说了他在柏林的现状，凶猛的反犹势力，政治反动势力，以及犹太人的艰难处境，呼吁他们在关心世界和平的同时，关心处在水深火热之中的民族和人民。

德国民族主义分子对犹太人的迫害，使爱因斯坦无比愤恨，他在柏林、伦敦、巴黎、纽约等地感受到的世界性反犹浪潮，更是触动了他的灵魂。比如，在巴黎访问时，有家报纸就歪曲事实，公开报道说，没有一个人能够理解爱因斯坦的相对论，恐怕连他自己也搞不清楚，人们唯一清楚的是，在法国又多了一个犹太佬。类似的攻击，让爱因斯坦心里十分恼火。

这样的事件，逐渐唤醒了爱因斯坦的犹太民族情感，他开始积极参与犹太人的复国活动，甚至公开表明立场，赞成犹太复国运动，反对民族主义。

1921年春天，犹太复国运动的领袖魏茨曼教授要到美国旅行，动员美国的犹太老板资助耶路撒冷的希伯来大学，他邀请爱因斯坦同行。爱因斯坦本不想去美国，但为了带头支持建立大学的计划，筹措办学的经费，他欣然接受了美国的邀请。

在美国，爱因斯坦度过了艰辛的两个月，他四方游说，发表演讲，做数不清的科学报告，到最后，美国的犹太医生有6 000多人热心赞助，筹集资金。爱因斯坦不辱使命，帮助魏茨曼圆满完成了筹资任务。爱因斯坦也为致力帮助筹措经费创办大学，对犹太复国主义事业做出相应贡献而感到欣慰。1924年，爱因斯坦正式成为“柏林犹太教全体以色列人大会”的会员。

有人曾对爱因斯坦的民族情感进行分析，认为他独特个性的形成有两个原因，一是科学，二是犹太人的民族情感。但

从20世纪20年代以后，爱因斯坦并没参加多少具体的犹太复国活动，却对犹太人的处境和问题思考了许多。

长久以来，爱因斯坦对所谓犹太人传统的解释带有强烈的个性化色彩，他对这个传统引以为自豪，并把自己的创造个性融于其中，可见他对犹太传统的痴迷。

1930年10月，伦敦犹太人组织了一次晚会，英国文豪萧伯纳与威尔斯应邀出席。爱因斯坦在晚会上作了题为“犹太共同体”的长篇演讲，爱因斯坦借此对犹太人的过去与未来、痛苦与希望、现实与理想作了广泛的论述，成为他思考犹太问题的代表作。

1932年 9月，爱因斯坦发表了一篇文章，题为《有没有一种犹太人的生命观》，从哲学、宗教的角度进一步探讨犹太人的文化品性，是爱因斯坦对犹太民族问题思考和认识的深度挖掘。

1938年 4 月，在纽约市的康莫多旅馆，由美国“全国工人支援巴勒斯坦委员会”举办的“第三次塞德节”上，爱因斯坦发表了题为《我们对犹太复国主义的责任》的演讲，这篇演讲词，充分体现出爱因斯坦与那些从政治上考虑犹太人问题的人的不同。一方面，在当时反犹浪潮高涨的严峻形势下，爱因斯坦充分肯定了犹太复国主义的现实意义；另一方面，爱因斯坦对单一的政治复国活动提出了告诫。遗憾的是，这种告诫被人们忽视了，忽视的代价则是数十年的流血冲突。

早在20世纪20年代初，当时“世界犹太复国主义组织非常委员会”的秘书长布卢门菲尔德和魏茨曼，都清楚了解爱因斯坦不是那种纯政治上的“犹太复国主义者”。所以两人尽量利用他的名望去宣传犹太复国主义，但并没想说服他加入组织。他们认为，爱因斯坦既支持犹太复国主义，又反对单一政治立国的设想，有些幼稚可笑。可是，当历史翻过，爱因斯坦的担忧全部变为血腥的事实，当年曾被政治家们视为幼稚的思想，今天看来却是如此深刻。

爱因斯坦的信念，直到晚年都不曾改变。1949年11月，在“犹太人团体呼吁”的广播中，爱因斯坦明确提出，犹太复国主义的实质是创建一种共同体，应使它遵守犹太人在漫长的历史进程中所形成的道德理想。

从现实的以色列国即将成立的局势下，爱因斯坦再次提出，这些理想之一是和平，是建立在谅解和自我克制的基础上，而不是建立在暴力的基础上，否则，欢乐就会夹杂忧虑，即便实现，也与理想中的和平相去甚远。

1952年11月，以色列第一任总统魏茨曼逝世，以色列政府再三邀请爱因斯坦继任总统，被他断然拒绝。拒绝担任总统，最重要的理由，是以色列的立国方案并不符合爱因斯坦的信念，但他并没有公开解释拒绝就任总统的原因。

1955年 1 月，就在爱因斯坦逝世前三个月，他给以色列“犹太代办处”的重要成员池维·卢黎厄写信，他说，对于东西方国家之间的敌对关系，必须采取中立的政策，不仅会缓和世界冲突，而且有助于同阿拉伯世界各国之间发展健康睦邻关系，尤其对待阿拉伯民族的态度，将为作为一个民族的道德标准提供真正的考验。

这番忠告，可惜说早了40年。穿过岁月，回首凝望，仿佛就是40年后巴以和谈的基础与目标。

3. 告别柏林

1925年以后，爱因斯坦很少再出远门旅行，仅仅去莱顿做客访问，或在夏天乘车去瑞士，到海边居住一段时间，进行休养。

在柏林，爱因斯坦的大部分时间，都与艾尔莎及两个女儿在一起。在住所顶楼上，设有他的工作间和图书室，在那里，他经常一天都不走下楼，安静无扰地从事科研工作。

1928年，爱因斯坦去往瑞士达伏斯，那里是结核病疗养的胜地，还有一所青年国际大学。爱因斯坦到达伏斯后，这个大学慕名邀请爱因斯坦去讲课。爱因斯坦高兴地接受了邀请，并且进行题为《物理学的基本概念及其最近的变化》的演讲。在演讲会的开场白，爱因斯坦陈述了他多年来为世界和平、人间和解多方奔走的善良愿望，呼吁全世界人民致力和平和谐，共同营造健康文明和谐的美好世界。

善良正义的爱因斯坦，四处播撒着和平的种子，只是收获甚微。他原本是去瑞士疗养，反倒真的成为一个病人。在瑞士，爱因斯坦闲来无事，自驾一艘游艇出游兜风，由于疲乏，出现了心脏扩张的症状。在一家旅馆里，他怜悯一个看门的老头儿年老体衰，没让他帮忙提箱子，自己把箱子提上了楼，却因心力衰竭而病倒，不得不在床上疗养，度过相当长的一段时间。

爱因斯坦的身体恢复以后，为了帮助他进行科研工作，艾尔莎特意找来一位助手，这就是海伦·杜卡斯，由她担任爱因斯坦的贴身秘书，在以后的岁月里，杜卡斯始终忠诚地陪伴在他的身边，直至他离开人世。

1929年3月，是爱因斯坦50大寿，朋友们都在筹划着怎样为他祝寿，以缓解他在柏林的压抑和苦闷。但爱因斯坦并不赞同，他一想到热闹的庆祝活动，就烦躁不已。熟识的朋友还好办，打个招呼，道个歉，肯定会理解。最难办的是记者和仰慕者，他们无孔不入，又花样百出，叫人不得安宁。爱因斯坦和艾尔莎商量了一下，决定只留下秘书海伦·杜卡斯一个人，在柏林家中看守，全家人提前几天溜到柏林郊外，安静地过了几天。

度假回来，杜卡斯把世界各地寄来的生日贺电及礼物让爱因斯坦一一过目。在诸多礼品之中，最让爱因斯坦感到温暖的是一袋烟草。原来，这是一位失业的老工人，勒紧裤带省下几个钱，特意买来一袋烟草送给他深深崇敬的爱因斯坦，看到这一小袋烟草，他的眼睛湿润了，失业和贫困的滋味他都曾品尝过。怀着感激的心情，爱因斯坦特意给老工人写了一封生日答谢信，这是他在有生之年写下的第一封生日答谢信。

小小的一袋烟草，让爱因斯坦感受到人间的善良与关爱；一幢大别墅，却让爱因斯坦再次品尝到柏林右翼分子对他的仇恨。原来，柏林市政府为了安抚爱因斯坦，决定在他生日前送给他一幢郊区别墅。可是，政府的官员们非常粗心，两次送给爱因斯坦的别墅都是市政府无权支配的地皮，造成了极为难堪的局面。

别墅事件，让艾尔莎很恼火，但对于好心人办错事，爱因斯坦并不愤怒，他还一再宽慰赔礼道歉的政府官员，让他们不要再送了，但那些官员表示必须要送，并且请爱因斯坦亲自挑选一块地皮，再由市政府出面买下赠送给他。

如此，爱因斯坦和艾尔莎商量了一番，在柏林西南边的哈费尔湖畔卡普特村选中一块地皮，并且签订协议，请来建筑施工人员。就在这时，一小撮民族主义分子到处造谣生事，导致地皮不能通过正常程序，他们又只好通知爱因斯坦，请他原谅，并请他等开会研究之后再做决定，这让爱因斯坦气愤至极。

本来，爱因斯坦就不想接受这份礼物，没想到礼物没得到，反而又遭到可恶的攻击和诽谤。这一次，爱因斯坦真的愤怒了，他给柏林市长写了一封信，信中言辞犀利，他向尊敬的市长先生表示最诚挚的谢意，指责当局行动缓慢，但人的一生是短暂的，生日已经过去，就不用再劳神馈赠任何礼物了。

只是，施工人员已请来，房子也已动工了，爱因斯坦不得不自己掏钱购地建房。艾尔莎虽然对于一波三折的赠送风波感到气愤，但从此拥有了喜爱的环境和房产，她还是觉得欣慰和拥有安全感，因为，她和爱因斯坦终于可以在湖边寂静的小村，拥有属于自己的漂亮房子。爱因斯坦却没有这样的感受，德国纳粹越来越猖狂的反犹活动，反倒让他觉得灾难正在逼近。

寂静的小村卡普特位于湖畔山丘上，周围是茂密的森林。爱因斯坦的房子就坐落在村子后面，离湖边只有几分钟的路程。湖边有一个码头，停靠着小船，四周一片恬静，空气清新，景色宜人，爱因斯坦夫妇经常在饭后到这里散步。有时来了兴致，也会乘上小船，扬起风帆，陶醉在这无人打扰的“世外桃源”。

1930年，爱因斯坦遭遇不幸，幼子爱德华患了严重的抑郁症。长子汉斯经常到柏林来，宽慰父亲，并向父亲汇报自己生活和工作的情况。汉斯曾经回忆，父亲经常带他到湖边散步，有时也一起乘坐小船。有一次，父亲因为讲解统一场论太入神，差点把小船给弄坏。

小儿子爱德华聪明、能干、智商高，具有惊人的记忆力，是一位技艺精深的钢琴家，深得爱因斯坦夫妇的喜爱，但他情绪不稳，对待现实中的人和事，尤其对待科学成就和音乐表现，总有一种病态的低能，从对父亲的狂热崇拜，变为病态的不满、责难和怨恨。

1930年夏天，爱因斯坦接到爱德华写来的歇斯底里的控诉信，慌忙赶往苏黎世。米列娃在绝望中告诉他，爱德华患上了日益严重的抑郁症，苏黎世和维也纳的医学专家都未能遏止他大脑功能的迅速衰竭，病情严重了，康复已无望。爱因斯坦返回柏林时，看到病中的儿子，骤然变得苍老郁闷。

1930年秋天，爱因斯坦以客座教授的身份，在帕萨迪纳加利福尼亚工艺学院讲授了一系列课程。这一次，爱因斯坦不想重复上次访美时的热闹，而是只想切实进行学术上的探讨和交流。

抵达纽约，一切安排都被改变。停留5天，接连不断的谈话、接见、访问和参观，让爱因斯坦感觉异常烦躁。有一次，甲板上突然聚集了100多名记者，还没弄清是怎么回事，爱因斯坦就被七嘴八舌的询问包围，一架架照相机频频闪光，让他感到困惑迷茫，理不清头绪，而站在人们面前，被这些新闻媒体摄入镜头的，只是一个身穿黑大衣、头发凌乱、脸色苍白、心慌意乱、极想躲到人群之后的沧桑老头儿。

从纽约动身去加利福尼亚之前，爱因斯坦顺路去了里维尔塞德丘奇大教堂。教堂里装饰着古往今来所有民族的伟人塑像，共有600尊，其中，只有一尊是为健在的伟人塑造的就是爱因斯坦。面对自己的塑像，爱因斯坦再也不能用他的惯常思维和幽默态度坦然处之了。他感到非常难为情，并且有些颓丧，当然，颓丧的情绪是多方因素造成的，一方面，儿子的病情使他愁苦，他为改变不了儿子的悲惨命运而烦躁和懊恼；另一方面，纳粹势力逐渐扩张，反理性的势力压制着社会和科学的正常发展，他不能无干扰地进行科学研究，他的脾气也一天天变坏，昔日的幽默更是荡然无存。

在帕萨迪纳，有不少隆重的接待和讲话，但更多的是科学集会和座谈，也参观了一些名胜古迹，但不像在纽约那样劳累。在亚利桑那，爱因斯坦还参观了印第安部落，印第安人授予他“伟大的相对论首领”的称号，并赠送他一套印第安服装。

1931年春天，爱因斯坦离开美国，应允第二年再来访问加利福尼亚学院，美国人赠送给他许多纪念品，但他谢绝了珍贵的馈赠——古尔涅尔小提琴，在他心里，这样的无价之宝，应当由真正的音乐大师用来演奏。

1931年末，帕萨迪纳之行，爱因斯坦和加利福尼亚的物理学家们度过了一段快乐的时光，吸引他的不只是帕萨迪纳的科学界，旅行本身也吸引着他。旅行切断了柏林的印象，那些让人痛苦的印象，远足旅行走进新环境，对爱因斯坦来说，变得日益重要。

在赴美途中，他曾经决定不再定居柏林，而要像飞鸟一样度过余生。因此，爱因斯坦在加利福尼亚待了整整一个冬天，1932年春天，才返回柏林。

此时的柏林，已是“山雨欲来风满楼”。1929年爆发的经济危机就像一场大火，迅速席卷全世界。德国经济形势迅速恶化，工厂倒闭，失业大军流浪街头。人民的痛苦和绝望，在纳粹党头子希特勒眼里，简直就是天赐良机。这个煽动家和阴谋家，喋喋不休，鼓吹不已，他向迷惘的德国人民许下诺言：在国家社会主义制度下，将保障每一个人的工作和面包。希特勒又向军队将领、大金融家和大工业家频送秋波。他保证，一旦上台，将立即让马克思主义者和犹太人“人头落地”，要为1918年德国的战败报仇雪恨。

当时，德国最反动的势力，都把希特勒当成是挽救德国的救星。在他们的支持下，希特勒日益得势，扶摇直上。1932年，纳粹党一跃成为国会中的第一大党，希特勒就像一只凶狠的饿狼，对着共和国瞪圆了两只贪婪的眼睛。他在等待时机，准备猛扑过去，一口把共和国吞掉。

而在此时，爱因斯坦又要开始讲学了。1930年，他接受美国加州理工学院院长密立根的邀请，于每年冬季去讲学，为期 3 年，这是最后的一次。

离开卡普特别墅时，爱因斯坦还颇有预感似的和妻子逗笑呢，让妻子再好好看一眼别墅，或许以后再也不能回到这里，再也看不到了。听到丈夫的谐语，艾尔莎无奈地笑了，她以为丈夫又在幽默说笑话呢。一时无语，两人默默上路。

没成想，谐语成真，这一别，却真的是爱因斯坦与德国的生死离别。从此，爱因斯坦真的离开德国，选择定居美国。

Chapter 10

第十章 定居美国

ALBERT EINSTEIN

1. 内心深处的和平呼唤

第一次世界大战结束后，爱因斯坦到处宣讲他的相对论，还孜孜不倦地进行物理科研工作。

1927年，他完成了普朗克辐射原理的推导工作，并为量子理论的发展做出了重要贡献。他引进的“受激发射”观点，正是今天激光技术的理论依据，如同揭开原子能的秘密一样，爱因斯坦比技术上的实现提前了40年。

20世纪20年代中期，量子力学创立起来。不久，在认识论的原则问题上，爱因斯坦与几位量子力学家产生了意见分歧。他认为，量子统计力学并非新东西，只不过是人类长期以来还不能完整描述事物而采用的权宜之计。

1927年和1930年，在索尔维会议上，围绕关于量子论的解释，爱因斯坦与玻尔展开激烈争论，极富戏剧性。爱因斯坦既不能说服玻尔，也无法使海森堡等年轻的量子物理学家心悦诚服。他认为，量子力学统计方法，在认识论上，是无法接受的，而在美学上，又不能令人满意。

20世纪中叶以后，爱因斯坦费尽时间和精力创建统一场论。这个理论，采用统一公式概括数学上始终相互分离的电磁场和引力场，但提出的许多假想，他并不满意。

逐渐地，支持爱因斯坦的人越来越少，他几乎是单枪匹马地和哥本哈根学派对阵。爱因斯坦的科学理想，和大多数理论物理学家的思想距离越拉越大。但是，爱因斯坦忠实于自己的信念，他坚信，物理学应该对于客观存在的实际状况作出和观察者无关的描述。他在两个方面孤独探索着，一个是统一场论，一个是量子力学的正确解释。他时常会遇到惋惜的目光和叹息，仿佛是在叹息天才的衰老和落伍。

爱因斯坦从不理会别人的目光，只是埋头行走属于自己的路，几十年如一日，从未曾有过丝毫动摇。他在寻求自己的上帝，这个上帝，富有理性，是他心中完美的上帝。

爱因斯坦远离了物理学发展的主流，这使玻恩、玻尔这样的老朋友深感遗憾。玻恩曾表示，爱因斯坦的倔强和坚持，无论对他本人，还是对科研领域来说，无疑都是一个悲剧，因为他只是执著而孤独地探索他认定的道路，让科研队伍失去了领袖和旗手。

与20世纪20年代后期物理学研究的相对沉寂相比，爱因斯坦对社会政治问题越来越关注，影响也越来越大。1932年5月，爱因斯坦去日内瓦参加裁军会议，当他微笑而平静地步入会场时，满堂记者和来宾震惊地看到，一个满头银发的老者——创建伟大的相对论的科学巨子，缓缓地迈上台阶。他是如此镇静地站在那里，默默凝视着迎候他的人群，这片刻的沉默，给所有的嘉宾留下了深刻的印象。那一刻，没有人喧哗，没有人说话，人们只是不约而同地抬头凝望着爱因斯坦，感受着他不语的威严和挟带的神秘。

在很多人眼里，爱因斯坦是科学的化身，探寻着宇宙的和谐。可以说，20世纪20年代后的爱因斯坦，没能在统一场论的研究中作出突破，但他探寻宇宙和谐的动机，却蕴含着对人类社会的终极关怀。拥有如此崇高的境界，爱因斯坦对人类社会分裂、暴力、恐怖的现实，发出了最真挚、最坦白、最有力的抗议，对和平、幸福和民族团结发出了最深切的呼唤。

1930年 5 月，爱因斯坦领头签署了一份著名反战宣言，即《全世界裁军宣言》，同时签名的还有罗素、兹伐格和巴甫洛夫等知名人物。这个宣言，虽然不是爱因斯坦起草的，但是同1914年的《告欧洲人书》和1955年的《罗素——爱因斯坦宣言》一样，体现出爱因斯坦一生所坚持的信念：和平与和谐。这是科学家爱因斯坦所能想到的反对战争的最好办法。

1930年12月，在美国纽约，爱因斯坦参加了“新历史学会”主办的集会，发表了题为《战斗的和平主义》的演讲。在这篇著名演讲中，爱因斯坦提出两条制止战争的行动方针：第一条行动方针，是已经付诸实践的，不妥协地反对战争，并且拒绝服兵役；第二条行动方针，是通过国际立法来确立在和平时期拒绝服兵役的权利。

呼吁世界和平的爱因斯坦，用数学家的方法计算着和平的可能性，他相信，拒服兵役运动一旦发动，如果有50000人同时行动起来，那将会成为不可抵挡的力量。这两条建议，虽说在现实中不好操作，但他为人类和平呼吁奔走的良苦用心，值得人们深深的敬仰。

1931年，“反战国际”设立了一个名叫“爱因斯坦反战者国际基金”，援助那些想拒绝服兵役但因为经济贫困而不能不那样做的人。可以预想得到，响应者寥寥无几。希望在哪里？爱因斯坦又想起了少年时代在慕尼黑看到的阅兵场面，在他看来，千万不能再向孩子们灌输战争意识了。

1931年1月，在访问美国期间，爱因斯坦与美国作家乔治·西尔威斯特·菲雷克对话，两人探讨和平和教育的问题。爱因斯坦表示，要教导群众抵制战争，用和平主义精神来教育孩子，教育他们倡导和平反对战争，向他们灌输爱而不是灌输恨，教育应当从摇篮里开始，全世界的母亲都有责任，在孩子的心灵播下和平的种子。

爱因斯坦总想以理想来教育现实，可现实却偏偏教育了他。爱因斯坦呼吁世界放下武器，可希特勒却拿起武器对准了世界，这是令人扼腕叹息的残酷现实。

面对残酷的现状，爱因斯坦只有无望地叹息和摇头。

2. 坚决不回德国

1933年1月，魏玛共和国寿终正寝，86岁的共和国总统兴登堡元帅把共和国出卖给了希特勒，这是蓄谋已久的阴谋。

希特勒的所谓“革命”开始了，他把德国投进黑暗之中。他的“革命”手段特别彻底：烧书、抄家、集中营、拷打、虐杀、暗杀……街道上，到处都是D字旗的海洋，身穿褐色制服、臂戴D字袖章的冲锋队员列队而过，长筒皮靴踩出有力的节奏。数不尽的群众大会和游行，数不尽的播音器，将谎言重复一千遍，制造出希特勒的“真理”。他们对老百姓利诱威胁，双管齐下，一会儿以德意志天堂来引诱，一会儿又以街头褐色恐怖来威胁。柏林街头冬日的宁静被打破了，刮起了使人不寒而栗的寒风。

希特勒的纳粹运动，还有恶魔般的残酷报复。作为犹太人和科学家的爱因斯坦，自然成了法西斯主义的首要攻击目标。希特勒一上台，柏林针对爱因斯坦的“缺席审判”就拉开了序幕。

消灭科学中客观和逻辑的标准，是希特勒纲领的一部分。纳粹教育部长鲁斯特就公开宣称，纳粹社会主义不是科学的敌人，它只是理论的敌人。1933年，勒纳德在报刊发表言论，大肆批判爱因斯坦及其科研理论，是任意拼凑炮制出来的数学废话，是犹太人对自然界研究的危险影响，德国人不齿于做犹太人精神上的继承人。

1933年 3 月，《纽约世界电讯报》记者到加州理工学院采访爱因斯坦，爱因斯坦就此公开发表声明，抗议希特勒的法西斯兽行，他义正词严地说：只要还能有所选择，就只想生活在理想的国家里，在这个理想的国家中，公民自由宽容，在法律面前，公民一律平等，但在德国无处可觅。那些对国家有重大贡献的人，正在遭受迫害，希望战争尽快结束，恐怖气氛尽早消散，人民重获自由与和平，共建一个和谐的国家。

不久，爱因斯坦和艾尔莎离开加利福尼亚，前往纽约，到达德国总领事馆。总领事熟悉爱因斯坦，在这个时刻、这个地方见面，双方都感到很尴尬。总领事请爱因斯坦坐下，寒暄过后，善意地提醒爱因斯坦，对《纽约世界电讯报》发表的谈话，在柏林引起了很大的震动，询问爱因斯坦今后有何打算。爱因斯坦平静地表示，不知要到哪里，但肯定不回德国。总领事表示理解他的决定，但他认为，爱因斯坦是世界最著名、最伟大的犹太人，而希特勒是世界上最狂热、最凶恶的反犹主义者，如果拒绝回归德国，相信法西斯不会轻易放过他。爱因斯坦当然明了总领事的一番好意，但倔强的他仍然坚决地摇了摇头。

在爱因斯坦心里，早已对他的祖国彻底绝望。几天后，爱因斯坦夫妇登上一艘开往比利时的客轮。在波涛汹涌的大西洋上，爱因斯坦还积极参加义演音乐会，为遭受迫害的德国犹太人募捐。客轮上的无线电里，不时传来不祥的消息：故乡乌尔姆的爱因斯坦大街改名了，卡普特别墅被冲锋队抄家了……但这一切，似乎都在爱因斯坦的意料之中。客轮驶进比利时港口安特卫普港，在码头上，市长和诸多知名学者列队迎接爱因斯坦夫妇，欢迎他们到比利时避难。

不久，爱因斯坦又辗转来到布鲁塞尔，他把德国外交部签发的护照放在德国大使面前，正式声明放弃德国国籍。15岁那年，爱因斯坦果敢坚决地放弃了德国国籍。在中年时，作为闻名世界的科学家，为了帮助困难中的德国，他毅然决然宣誓做回德国公民。现在，德国深陷黑暗的深渊，成为世界人民的敌人，爱因斯坦不顾生命安危，两肩担道义，与德国彻底决裂，只在心中默默而沉痛地向祖国告别。

爱因斯坦住在比利时奥斯坦德附近的海滨小镇勒科克。比利时王后伊丽莎白是爱因斯坦的崇拜者，国王和政府竭尽全力保护着他和家人的安全，当局甚至禁止勒科克居民向任何人提供有关于爱因斯坦的消息，因为，在希特勒的黑名单上，他是被通缉学者中的首位，而在靠近德国边境的地方，黑名单上的好多人，已屡屡遭到纳粹间谍的袭击。

在一本德国出版的大画册上，第一页就是爱因斯坦的照片，旁边注解历数了他的罪行，第一条罪状就是创立相对论，末尾还有一句话——尚未绞死。这些内容，让艾尔莎陷入了极端惊恐之中，但爱因斯坦没有理会，依然故我，并且与法西斯进行艰苦卓绝的斗争。

1933年4月，普鲁士科学院秘书恩斯特·海曼签署了一个"普鲁士科学院反爱因斯坦的声明"，声称普鲁士科学院获悉爱因斯坦参与了法、美的恶意诽谤宣传活动，在这期间，爱因斯坦又声称退出科学院，理由是不能在现政府下继续为普鲁士邦效劳。普鲁士科学院对于他的离职，没有感到惋惜，却对他在外国的"煽动"活动感到痛心，要求立即得到解释。

对此，爱因斯坦发表公开信，抗议普鲁士科学院对他的诬蔑，声明从未参加过这种宣传活动，而辞去在科学院中的职位，并放弃普鲁士公民权，是因为不愿生活在享受不到法律平等、言论自由的国家里。

1933年4月，普鲁士科学院秘书冯·菲克尔给爱因斯坦回信，信中说，已收到爱因斯坦关于辞去科学院院士职务的通知，并在全体会议上进行宣布，科学院对事态的变化深表遗憾，但仍期望他回归队伍。

1933年3月，菲克尔和海曼联合给爱因斯坦写信，信中说，科学院断定爱因斯坦并未参加恶意宣传活动，但他却在外国发表了那样的一些声明，必然会被敌人所利用，对爱因斯坦给国家带来的不良影响深感痛心和愤怒。

1933年 4 月，爱因斯坦回信答复，他对科学院的所作所为深表遗憾，谴责他参加过反德恶意宣传，只是一种污蔑。要他在公共场合为德国讴歌，产生巨大影响，去做违背原则的见证，就相当于让他放弃终生坚持信守的正义。因此，他决定退出科学院。他的毫不妥协，在一定程度上，也激怒了法西斯。

事实上，1933年3月，爱因斯坦发表退出普鲁士科学院的声明后，声明正文还没有传到柏林，纳粹科学文化、国民教育部就已经责成科学院，要求对爱因斯坦给予惩戒性审查。

1933年3月底，科学院在中央会议上宣读了爱因斯坦的辞职声明，并以为这桩公案就此了结。但是，纳粹分子并没有罢休。当天，纳粹政府给柏林科学院秘书、法学家海曼下达指令，要求科学院对爱因斯坦的事件公开表态。由于当时普朗克在国外，海曼擅自起草科学院声明，呈交纳粹头目，在报纸上予以刊发。

科学院发表声明的日子，正值“排犹日”。这一天，柏林的冲锋队暴徒占领了许多大学、研究所及医院。他们把犹太大学生、助教和教授撵出大门，使他们受尽凌辱和虐待，国家图书馆也被匪徒们闹翻了天，他们抢走了犹太读者的借书证，也不许市民去犹太人开的店铺买东西。在这些无耻事件连续发生的背景下，德国最伟大的科学院开除了享有盛名的院士——爱因斯坦。

海曼炮制的声明，当然不会得到全体院士的赞同，特别是劳厄坚决表示反对。劳厄坚信，不会有任何一个院士参与炮制这种声明。在他的倡议下，1933年4月，科学院召开中央特别会议，讨论这个问题，遗憾的是劳厄的抗议未能通过，大多数院士迫于无形的压力，违心表示赞同海曼的行动。

1932年 5 月，科学院再次开会讨论所谓的“爱因斯坦事件”，刚从国外归来的普朗克沉痛表示，爱因斯坦是一位杰出的物理学家，他在科学院期间发表的文章，使人们加深了对物理学的认识，它们的重要作用只有开普勒和牛顿的业绩才能与之相媲美。年迈的普朗克断言，爱因斯坦事件将会成为科学院史上耻辱的一页。

爱因斯坦对绝大多数德国同行，尤其是对科学院失节的表现大失所望。1933年5月底，他致函劳厄，在信中说，倘若德国科学家对政治问题置若罔闻，德国局势必将倾覆，毫无抵抗地将政权拱手让给纳粹分子。科学家在政治事件中持观望态度，表明他们缺乏责任感，是一小撮病入膏肓、蛊惑人心的匪徒欺骗和利用了政治上幼稚的公众。爱因斯坦非但不收回他讲过的任何一句话，并且坚信他的所作所为对人类有益，并将产生深远的影响。

此后，有相当长的一段时间，除个别例外，爱因斯坦对所有的德国人统统反感，以致对流亡避难、重返德国的挚友，譬如玻恩，他也曾感到不满。他认为，在希特勒统治时期，留在德国的著名自然科学家，只有劳厄是最有骨气的，没有向希特勒投降。这种过于极端的看法，不仅仅是因为爱因斯坦遭受到德国法西斯的迫害，更重要的是，爱因斯坦始终强调，在社会灾难面前，知识分子应该坚决不能放弃社会责任。

1933年夏天，爱因斯坦是在勒科克度过的。在这期间，比利时警察局宣称，爱因斯坦乘游艇去南美了。发布这一消息是为了迷惑纳粹间谍的盯梢。实际上，爱因斯坦启程去了英国。在英国，爱因斯坦住在一所僻静的别墅里，周围有武装骑兵队巡逻，为了不引人注意，巡逻队由年轻的姑娘组成。

1933年，希特勒的上台使爱因斯坦不得不流落他乡，他多年来对和平的期望又将破灭，使得他不得不重新思考战争与和平的问题。这一年，爱因斯坦与熟识的朋友在一起时，曾意味深长地说，在他身上，有些东西正在逐渐逝去。他说这句话的时候，一边斜靠在沙发上，一边将头上的白发一绺一绺缠绕在手指上，脸上一副凝重的表情，再也不幽默连篇，大声地说笑了。

3. 肩负和平重任

在比利时逗留的时候，爱因斯坦接到一封信，是一位德国青年写来的。信中说，有两个比利时青年，只因拒绝服兵役而被捕了，请爱因斯坦出面，向比利时政府交涉一下，释放被捕的青年。

爱因斯坦一时手足无措，不知如何是好。他是当时著名的和平主义者，那所谓的拒服兵役就是他提出来的，但目前，希特勒的战争叫嚣已响彻云霄。该怎么办呢？让人们赤手空拳等待希特勒全副武装的冲锋队来袭吗？

爱因斯坦还没想好怎么回信，又有一封没有留下地址的短信，送到他手上。信中只有短短几句话，“第二小提琴手”的丈夫想请他谈一谈。“第二小提琴手”，就是比利时王后伊丽莎白。她在出嫁前是巴伐利亚公主，和爱因斯坦有同乡之谊。多年来，王后陛下是爱因斯坦的好朋友，爱因斯坦每次到比利时来，都要前去拜访她。王后喜欢音乐，更爱拉小提琴，她觉得，爱因斯坦拉得比自己棒，就尊称爱因斯坦为“第一小提琴手”，谦称自己为“第二小提琴手。”

其实，王后邀请爱因斯坦不是谈音乐，而是畅谈国家大事。王后的丈夫与爱因斯坦同名，也叫阿尔伯特。20年前，阿尔伯特国王曾坚决抵抗过德国的入侵。现在，比利时再次面对强邻咄咄逼人的叫嚣，正在考虑对策。国王向爱因斯坦说明了希特勒对比利时的威胁，以及比利时必要的备战状况。国王的意图很明显，在如此严峻的形势下，爱因斯坦是否重新考虑对和平主义的主张和看法。

此时的爱因斯坦，已不需要国王的教育和开导，柏林大街上的火与血，希特勒狂妄的战争叫嚣，残酷集中营里惨不忍睹的杀戮……就是血的教训与教材。在这世界上的人，并不都像他那样，心地纯净而善良；在这世界上的事，也并不是都能用善意来化解。对于希特勒以毁灭文明为己任的恶人，只能用更加恶劣的办法来制裁。试想，当野兽猛扑到你身上，要咬断你的喉咙时，你还能与它讲什么和平吗？

1933年7月，爱因斯坦给比利时国王阿尔伯特写了一封信，他在信中说，拒绝服兵役，这是一个严重的问题。尽管他同反战运动有密切关系，也不想干预此事。在由德国事变所造成的险恶情况下，比利时的武装力量只能看做是防御手段，而不是侵略工具。他认为，如果有谁要干预这案件，就不配享受国家的款待，凡是因为宗教信仰和道义信念而不得不拒绝服兵役的人，都不应该当做罪犯来处理。应该出台一个比较严肃和有效的办法，用来考验和利用这些人。给他们机会选择更加繁重和危险的工作来代替服兵役，比如，矿山劳动、在船上烧锅炉、在传染病医院护理病人等，如果他们的信仰是足够诚挚的，就会选择这种行动，相信这种人不会很多。凡是自愿接受这种不给报酬的义务服役的人，总是具备超乎寻常的品德，应当受到尊重，而不应被当做罪犯。如果比利时制定了这样的法律，或者确立这样的社会风尚，就会成为走向真正人道主义的巨大进步。

1933年7月底，爱因斯坦给那位替比利时青年说情的德国人写了回信，这封信是爱因斯坦和平主义发生重大转变的产物。他在信中说，最近，在欧洲的人还能认为个人反战足以构成对军国主义的有效反击。今天，所面临的却是一种完全不同的情况。在欧洲的心脏有一个强大的德国，它显然正以一切可利用的手段推进战争，这给拉丁国家，尤其是比利时和法国造成了严重的威胁，迫使它们不得不完全依靠武装力量。就比利时来说，它是那么小的一个国家，无论如何不至于滥用武装部队，却迫切需要部队誓死保卫国家的生存。设想，如果比利时被德国占领，事情会比1914年坏得多。在目前状况下，爱因斯坦支持比利时人参加服兵役，为拯救欧洲的文明效劳。

这封公开信，在欧美两洲引起了许多和平主义者的抗议。这些人还在沉睡之中，做着美丽的和平梦，他们谴责爱因斯坦背叛和平主义的原则，而贸然发表这样的言论。

1933年 8 月，爱因斯坦回信给阿达马教授，他在信中说，他要替拒绝服兵役的人做辩护，对于非洲某些黑人部落来说，拒绝战争会引起最严重的危险，但对于欧洲的文明国家，就完全不同。欧洲的情况，已经发展得很像非洲当时的情况。只要德国坚持重新武装，西欧各国就只好进行军事预防，毕竟，任何国家都不能坐等别国的攻击。

爱因斯坦的思想转变了，和平的梦幻已经破灭。他挺身而出，告诉人民，只要法西斯主义统治着德国，就不会有和平。在这生死关头，只有准备战斗，才有可能求生存。希特勒已经在德国宣布，他的纳粹帝国将生存一千年。这个罪恶的“千年帝国”，只有把它砍掉，把它摧毁。

1934年11月，在美国芝加哥的《政治》月刊上，一个名叫阿林生的人，写了一篇批评爱因斯坦改变和平主义立场的文章，题为《爱因斯坦，请你为欧洲和平发言》。

爱因斯坦读到了这篇文章，随后写了一篇题为《和平主义的重新审查》的文章，从现实角度，他呼吁人们丢掉幻想，时刻准备与希特勒的纳粹德国做殊死战斗。而他，作为一个坚定不移的和平主义者，必须为和平国家之间的进一步合作而努力，使那些依靠暴行肆意掠夺的侵略国家不能得逞。尤其想到，美国和英国之间深思熟虑的持久合作，如果有可能，还得加上法国和俄国。目前对和平的威胁，会有利于促进这种友好关系，从而促进国际问题的和平解决。在目前的黑暗局势中，这是唯一的希望。

爱因斯坦和平主义者立场的改变，还有一个重要原因，那就是，自从希特勒上台，他就敏锐地看到，一场新的战争就要爆发了，而且是不可避免的，所以，他呼吁欧洲各国及人民迅速做好物质与心理上的准备，这一点恐怕是许多政治家都无法与其相比的。

1935年8月，爱因斯坦就新的战争问题与美国作家巴特勒特进行谈话，谈话内容涉及目前形势、民众担忧、即将爆发的战争、对战争的抵制以及战争必将带来的灾难，深思熟虑，对白精彩，反映了两个伟大的思想家和政治家敏锐的政治敏感度，以及对世界平、对国家和对人民的深深忧虑。

在20世纪30至40年代，为打垮纳粹，消除战争，保存文明的价值，爱因斯坦从未停止过有力的呼唤。

1937年 4 月，纽约举行支援西班牙共和国的群众大会，约有3500人参加了这次集会，爱因斯坦因病没有出席，但请人在集会上宣读了他的电报。他呼吁，为拯救在西班牙的自由，必须采取强有力的行动，这是一切真正的民主主义者义不容辞的责任。要是在西班牙丧失了政治自由，就会严重危及在德国的政治自由。希望能够唤醒民众积极支持西班牙人民，在正义的和意义深远的事业中取得成功。

可以说，促使爱因斯坦从一个和平主义者向一个反纳粹战士转变的原因，归根到底就是：基于崇高道德基础上的人类责任感和正义感。的确，当世界上任何地方的无辜人民受到残酷迫害，被剥夺权利，甚至被屠杀时，谁也不能袖手旁观、漠不关心。面对邪恶不仅需要战斗，还需要从道义上承担起每个人对世界应负的责任。

基于这一点，爱因斯坦，这个曾一再呼吁宽容和平的科学家，对德国民族几乎作了整体的否定。1944年，他在公开场合发表言论说，德国人作为整个世界中的一个民族，是要对这些大规模屠杀负责的，并且必须作为一个民族而受到惩罚，如果世界上还有正义，如果各国的集体责任感还没有从地球上完全消失的话，站在纳粹党背后的是德国人民，在希特勒把他的可耻意图表明之后，还要把他选举出来，德国人是没做过任何认真抵抗的无辜受害者的民族。从一味强调宽容到彻底的不宽恕，这期间，该凝聚了爱因斯坦多少痛苦的反思。

第二次世界大战结束后不久，流亡在美国的德国物理学家詹姆斯·弗朗克，和另外几个在美国的德国流亡者聚集在一起，准备发表一个呼吁，要美国人民注意当时盟军在德国所实行政策的灾难性后果。

爱因斯坦看到这个草稿后，立即附信以答复，他表示，不能赞同盟军目前在德国所做的一切，他坚决深信，为了使德国工业生产力在很多年内不能恢复，这样做的必要性。绝不赞成报复，但却赞成，不让德国人再次实行侵略。假如看到那个呼吁，他会尽力去反对。

鉴于爱因斯坦的态度，弗朗克又写信给爱因斯坦，恳求他为德国着想，改变态度。1945年12月，爱因斯坦以更坚决的态度写了回信，再次表明，对德国人在第一次世界大战后的表演至今记忆犹新，也不想再被它的重演所愚弄。德国人按照一个精心编造出来的计划屠杀了几百万犹太公民，在他们中间，少数正直的人改变不了整个局面。而且，目前德国人没有一点认罪或懊悔的表现，只要一有机会，就要公开反对这个呼吁。

第二次世界大战，使爱因斯坦的社会思想发生了巨大的变化，即从以前抽象的人道主义范畴里的良心正义，转变为切实具体的社会责任感。

1947年 5月，爱因斯坦为“美国纪念碑建造工会”拟写的烈士纪念碑的题词，虽未被采用，但清楚反映出这一心理变化，题词是这样写的：我们忍受痛苦而死，为的是使你们能够自由，使和平与正义能够胜利。你们，活着的人们，千万不要忘记由于我们的牺牲而加给你们的责任。

在有生的岁月里，爱因斯坦从未忘记过这一份沉重的责任。

4. 小城中的伟人

1933年10月，爱因斯坦乘船从英国去往美国，同行的有妻子艾尔莎、助手迈耶尔博士和秘书艾伦·杜卡斯。

爱因斯坦自己也没想到，他这是在与欧洲做最后的诀别。朗之万预言家般地说了一句话：当代物理学之父迁往美国，美国就成为了世界物理学的中心。这句话，后来果然被验证。

古老的欧洲，在法西斯主义的阴影下，黯然失色。罗斯福的新政，为美国带来了希望，也成为欧洲反法西斯的后盾。去美国，对爱因斯坦来说，已是背水一战，没有选择的选择了。1921年，爱因斯坦从第一次访问美国，对美国的印象就是复杂的。对美国社会的物欲横流、追求享乐、犯罪率高、追求时髦、标新立异，他都感到不快，但他同时也发现美国社会比起古老的欧洲，有着一股说不清道不明的活力。他初到美国，受到公众的崇拜，爱因斯坦就曾大惑不解，在这个被斥责为物欲主义的时代，居然还把那些在知识和道德领域中的人看做是英雄，这应该是一个可喜可贺的迹象。

在美国，让爱因斯坦感兴趣的，那就是美国科学研究机构的成就感，在他看来，把美国科学研究工作日益增长的优势，完全归功于充足的经费，那是不公正的，专心致志、坚韧忍耐的友好精神，以及共同合作的才能，在美国的科学成就中都起着重要的作用。同时，富裕阶层的社会意识，比在欧洲要发达得多。大多数的有钱人认为，把财产的很大部分交给社会去支配，是理所当然、不可推卸的责任。

爱因斯坦所要去的普林斯顿高等研究院就是这样建立起来的。1930年，在美国拥有亿万资产的一对兄妹，请来美国著名的教育家和学校改革家弗莱克斯纳，让他们帮助建立一个新的科学研究所。弗莱克斯纳发现，实用型的研究所在美国已经够多了，于是建议创办一个新型的高级研究机构，聘请各个学科的一流学者。没有计划、没有任务，研究什么、怎样研究，一切听学者们自己的想法，研究所只负责向各位学者提供足够的经费。弗莱克斯纳把这个机构定名为高等研究院，他就是实际的组织者。

弗莱克斯纳当时想，既然拥有足够的经费，就应该让世界上最有名的科学家们摆脱教学、行政、日常生活琐事的操劳，他们应当研究最高级和最普遍的问题。如果能招聘到一流的学者，就不愁没有更多的年轻学者慕名而来。在聘任通知中，弗莱克斯纳反复强调来研究院的学者享有完全的独立性，研究院是一个自由港，学者们在这里可以把世界看做是自己的实验室，而无一日三餐之忧。

1932年1月，有人建议弗莱克斯纳去加利福尼亚的帕萨迪纳，爱因斯坦正在那儿讲学。弗莱克斯纳有些犹豫，爱因斯坦可是当今物理学界的泰斗，自己能请得动吗？但如果请来了爱因斯坦，普林斯顿高等研究院的声名不就立刻传出去了吗？

弗莱克斯纳抱着试一试的态度去了帕萨迪纳，他详细地向爱因斯坦介绍了研究院的宗旨及计划。爱因斯坦听了很感兴趣，但表示每年可能还得到柏林待一段时间。

不久，弗莱克斯纳又到牛津大学与爱因斯坦会面，再次邀请爱因斯坦来普林斯顿高等研究院。当时，爱因斯坦回德国的希望已经很渺茫，便萌生了去普林斯顿的意向。

1933年，爱因斯坦主动与柏林断绝了关系，去普林斯顿也就成了顺理成章的事。弗莱克斯纳仿佛接到天上掉下的一个金元宝，连连询问爱因斯坦有什么要求。爱因斯坦提出两个要求：一是普林斯顿研究院要接受他的助手迈耶尔，并给他安排正式的职位；二是他的年薪只要3000美元。

对第一个要求，几经磋商后终于圆满解决。但第二个要求，却让弗莱克斯纳有些为难。一个堂堂最高研究院里的世界著名科学家，年薪只要3000美元，这怎么说得过去呢？让不知内情的人知道，或许会说普林斯顿在虐待爱因斯坦，弗莱克斯纳觉得，实在担不起这个罪名。他一次又一次向爱因斯坦提议，把年薪提高，到最后，他几乎是恳求爱因斯坦了，几经“讨价还价”，总算说服爱因斯坦接受了16000美元的年薪。

从伯尔尼专利局开始，爱因斯坦就养成一个习惯，工作之外的时间才是属于自己的研究时间。他把研究看成是属于自己的事物，仅凭研究去拿薪水让他觉得不安。从苏黎世、布拉格到柏林，他讲课的时间越来越少，但总还是有的。如今在普林斯顿，所有的时间都由他支配，而且，只是科学研究，没有授课，让他下意识地觉得有愧。

爱因斯坦对凭借科学研究领取薪金感到难为情，这种感情也许是无意识的，但对于他而言，又有着内在的深刻感想，他总想干些与基本的研究活动无关的事情作为生活来源。在这点上，斯宾诺莎，这个以金刚石琢磨匠身份为职业的哲学家，对爱因斯坦有很大的吸引力。尽管普林斯顿研究院多次声明该院的科学家拥有完全自由支配时间，但爱因斯坦总不想成为纯粹被社会供养的人，他觉得一个人应承担社会的责任与义务，哪怕自己的研究仍然是属于社会的。

普林斯顿是美国东部的一个大学城，人口只有几千人。小城民风纯朴，景色迷人。悠长的林荫路上，行人稀疏，红墙绿瓦，掩映在郁郁葱葱的树木丛中，每一座房子都像绿色海洋中的孤岛。在这里，没有战争的硝烟，没有帝国的铜臭，没有工业的污染，于爱因斯坦，这里就像是莱顿小城、苏黎世湖畔和柏林郊外那样幽静舒适，具有古老欧洲的情趣。

爱因斯坦来到普林斯顿，这个僻静的小城和一个伟大的名字联系在一起，从此闻名天下，成为举世闻名的科学胜地。

在普林斯顿，爱因斯坦留下了数不清的轶闻趣事。人们说他在比利时王后御笔题赠的诗词背后做计算；说他在售货发票背面写致辞，跑到庄严的授奖仪式上捧在手里宣读；说他在朋友家里吃饭，灵感来了，没有找到纸，就在主人家的新桌布上写下一行行科研公式；说他在外面找不到回家的路，打电话去问研究院如何回家；说他把一张1500美元的支票当书签用，丢了也不知道；说人家请他讲1分钟话，给1000美元，他说可以演讲，但他不需要钱……这些轶事，成为人们茶余饭后的谈资，给爱因斯坦的生活和工作蒙上了神秘的色彩。

爱因斯坦使普林斯顿焕发光彩，普林斯顿人以爱因斯坦为骄傲，可爱的大学生们甚至编了一首歌，在马路上边走边唱：谁数学最棒？谁爱上微积分？谁不喝酒只喝水——是我们的爱因斯坦老师，我们的老师饭后不散步，我们的老师时间最珍贵。我们要请造物主，把爱因斯坦老师的头发剪短些，让他变得更年轻……这支歌曲，唱出了爱因斯坦的个性和不俗，也唱出了大学生们对他的热爱。

随性温和的爱因斯坦也逐渐爱上了普林斯顿，因为，这里没有繁文缛节，没有欧洲大陆上的呆板和清规戒律，他在这里享受到了一个常人生活应有的欢乐，也留下了不少的故事和传说。

在普林斯顿，有一个12岁的女孩子，放学回家后总是跑到爱因斯坦的家里去玩。妈妈发现后，把女儿狠狠训了一顿，要她别再浪费爱因斯坦教授的宝贵时间，并带着孩子去向爱因斯坦道歉。爱因斯坦笑着出来迎接，连连说不用道歉，并且拿出一些糖果给孩子吃，声称在辅导孩子做算术题的同时，还从孩子那里学到好多东西，让孩子和妈妈受宠若惊。从此，这对母子和爱因斯坦结为朋友，经常往来。

还有一个故事：普林斯顿一家医院要聘请一位X光专家。一个犹太难民向爱因斯坦求助，请他帮忙去应聘，爱因斯坦立即写了一封推荐信。不久，又来了一个从希特勒铁蹄下逃脱出来的犹太人，同样请求帮忙，爱因斯坦又写了一封推荐信。就这样，他给4个犹太人写了4封推荐信，让他们去争夺同一个职位，让大家哭笑不得。后来，这样的推荐信写得实在是太多了，以致拿推荐信去求职的人还没开口，人家就说，行了，行了，是爱因斯坦写来的介绍信吗？快收起来吧，到这里求职的人，每个人都有这样的一封介绍信呢。爱因斯坦就是这样，愿意帮助需要他帮助的每一个人，并以此为乐。

还有一个关于相对论的故事：一群大学生说说笑笑，跑来问爱因斯坦，什么叫相对论。爱因斯坦笑着回答，你坐在一个漂亮姑娘旁边，坐了两小时，却觉得只过了1分钟；如果你挨着1个火炉，只坐了1分钟，却觉得过了两小时，这就是相对论。大学生们哈哈大笑着离开了，他们边走边议论，这个可亲可敬且幽默的爱因斯坦教授。

在普林斯顿，英费尔德是爱因斯坦的助手，在他的回忆录中，曾提到一个非常重要的问题，是爱因斯坦的诚恳与理智。他认为，这两点是他身上的闪光点。很难找到一个学者，他的思想能这样充满情感，具有这样明朗的激情，能这样陶醉在为人民服务的激情中。也很难找到一个人，对人这样诚恳、博爱和富有同情心和责任感。

许多了解爱因斯坦的人不明白，在这个人身上，什么东西更伟大，是洞察宇宙构造的智慧？还是对人类的灾难和对社会的不公正的呼吁和呐喊？这个印象，在与爱因斯坦一起生活过的人最清楚。在他的保健医生古斯塔夫·布基的心里，爱因斯坦思想深刻，他的人性是最感人的地方。譬如，他从不愿画家给他画像，但有一个理由能对他起作用，那就是，帮助画家摆脱贫困，善良的爱因斯坦就会毫无怨言地坐在那里，让这个可怜的画家给自己画像，甚至一坐几个小时也在所不惜。

在普林斯顿，人人都认识他，大街上的行人，看见爱因斯坦的时候，总是露出善意的笑容。这笑容，也深深感染着爱因斯坦。爱因斯坦在散步的时候，尽量避开繁华的大街，到郊外和行人寥落的小街。有一次，爱因斯坦在散步时，一辆汽车戛然停在他前面，一个年近不惑的妇女拿着一架照相机，走出车门，她认出了爱因斯坦，激动得脸都红了，她恳请爱因斯坦让她拍照留念，爱因斯坦爽快地答应了，静静站在街上，等她拍了一张又一张，又满足了她提出的合影的愿望。

还有一次，爱因斯坦和朋友走进一家影院看电影，买了电影票，置身在拥挤的人群才知道，还要等15分钟才开映。爱因斯坦提议走一走，出来时，他向检票员招呼，过几分钟就回来。招呼过后，爱因斯坦感到有些不安，没有票了，人家还会认出他吗？检票员听了这话笑了，她认为教授说话真幽默，在普林斯顿，还有谁不认识爱因斯坦教授啊！

到美国之后，爱因斯坦的生活相对安静下来，平时很少出门。1935年5月，他到百慕大做短期旅行，这是爱因斯坦最后一次离开美国外出旅行，为了取得移民签证。除此之外，爱因斯坦与外界接触也比较少，但这并没有削弱他在美国人民心目中的魅力。

1934年 1 月，罗斯福总统在白宫接见爱因斯坦夫妇。1938年10月，在纽约的世界展览会工地上，美国人把一些纪念品装在一只坚固的金属封包里，其中，包括请爱因斯坦为5000

年后子孙写的一封信，准备等5000年（即公元6939年）后让后代子孙把它掘出来打开。

爱因斯坦的信是这样写的：我们这个时代产生了许多天才人物，他们的发明可以使我们的生活舒适得多。我们早已利用机器的力量横渡海洋，使人类从各种辛苦繁重的体力劳动中最后解放出来。我们学会了飞行，用电磁波从地球的一个角落方便地同另一角落互通信息。但是，商品的生产和分配却完全是无组织的，人人都生活在恐惧的阴影里，害怕失业，遭受悲惨的贫困。而且，生活在不同国家里的人民还不时互相残杀。由于这些原因，所有的人一想到将来，都不得不提心吊胆和极端痛苦。所有这一切，都是由于群众的才智和品格决定的，相信后代会以一种自豪的心情和优越感来读这封信。

1940年10月，爱因斯坦宣誓成为美国公民，但仍保留瑞士国籍。

1943年 5 月，爱因斯坦与美国海军军械局烈性炸药与燃料组签订顾问合同。

1944年，在堪萨斯州，爱因斯坦1905年狭义相对论论文的手稿，以600万美元拍卖，作为对支持战争的捐献。

5. 神圣的孤独

到普林斯顿之后，爱因斯坦就曾写信给比利时王后伊丽莎白，诉说内心的苦闷。

1934年，爱因斯坦的好友埃伦费斯特自杀，他一度认为，导致好友走向死亡的根本原因，在于埃伦费斯特对研究科学问题感到力不从心。爱因斯坦在分析朋友之死时，也对自己的处境进行了一番深思。

统一场论的问题，仍是爱因斯坦在普林斯顿研究的主要内容，但却是在与广大理论物理学家团体完全隔离的情况下进行的。这一次，理论没有掌握任何可以用来解释实验的材料，理论的内在的完备同外部的证实也没有找到一个交叉点，爱因斯坦陷入前所未有的孤独之中。

有一次，爱因斯坦在伦敦演讲，当时正在讨论德国移民科学家的命运。爱因斯坦建议说，看守灯塔的职务，对科学家来说是最合适的职位。要是旁人提出这种出乎预料的建议或许不妥，但大家明白，他在说自己。他认为，孤单一人在灯塔上有助于研究思考，这表达了他早年的梦想。爱因斯坦常向人抱怨日常生活的操劳，它使人离开科学。这其中还包含一层意思，爱因斯坦所理解的，在科学活动中必须保持完全的独立性，这就是他所景仰的斯宾诺莎式的研究方式。

爱因斯坦想去看守灯塔，也是为了逃避访问和邀请，这些访问和邀请使他失去科研时间，他的思想聚集在超日常的东西上，每时每刻都想着科研工作。

虽然只有物理学和自然规律才引起爱因斯坦的真正激情，但要是他发现谁需要帮助，他从不拒绝提供帮助。他写过成千上万封推荐信，给千百个人出过主意，一连几个钟点同抑郁者谈话，因为患者家属写信告诉爱因斯坦，只有他一个人能够帮助病人。他善良、慈祥、健谈、面带笑容，但也不耐烦地期待着，全身心地投入工作，安安静静地搞科研。

这种对孤独的向往，是一种更深邃的感情。爱因斯坦在《我的世界观》一书中，开门见山说明了对人的态度，并且讲到对社会正义的强烈兴趣和对孤独向往之间的矛盾。一个孤独和向往孤独的观察者，也是社会正义的狂热捍卫者。在与人交往时思想开朗、诚挚爽快，同时又急不可待地渴求人们回到自己的内心世界中去，而他，回到自己喜爱的科研之中，这就是爱因斯坦内心的矛盾。

在20世纪30、40和50年代，爱因斯坦对多数物理学家感兴趣的问题置身事外，而从事极其复杂的数学理论。爱因斯坦致力于建立统一场论，在这种理论中，根据统一的规律得出粒子的相互作用以及粒子自身的存在。这一想法的实现得不到物理学家们的赞同，外行人又一窍不通，但这个想法却引起了许多人的兴趣。

爱因斯坦认为，在彼此更替的具体的解题方案十分复杂的情况下，始终存在一个普遍公式：世界是统一的，世界是合乎理性的，世界服从于存在的统一规律。爱因斯坦的这一公式，是将物理和数学理论概括联系在一起，但并不妨碍广大公众猜测这个想法之伟大。

到普林斯顿后不久，艾尔莎的大女儿伊丽莎在巴黎去世。大女儿死后，艾尔莎受到严重打击，一下子变得老态龙钟，她撇不下女儿的骨灰，将骨灰带回到普林斯顿。不久，艾尔莎的眼睛又出现问题，这是心肾严重疾患的症状，随后，艾尔莎卧床不起。爱因斯坦非常沮丧，他脸色苍白，眼神哀伤，束手无策。

艾尔莎的病情日见严重，爱因斯坦放下一切，整日寸步不离地陪伴着她，让艾尔莎感到欣慰。她曾对友人说，从来都没有想到，爱因斯坦会这样珍惜她，为此她感到幸福和快乐。

艾尔莎病情稍有好转，爱因斯坦就在离蒙特利尔不远的湖滨租了一幢美丽的房屋，整个夏天，他和艾尔莎安静地居住在这里，并沉下心来研究解决了一些重要课题。

1936年12月，艾尔莎病情严重，无法治愈，最终过世。艾尔莎的逝世，让爱因斯坦感到万分悲痛，他常常独坐在房间的一角沉思，久久不说一句话，流露出孤独和忧伤。

艾尔莎去世以后，爱因斯坦变得喜欢伤感回忆。他在普林斯顿的林荫道上散步，周围的房子使他想起古老的英国；他坐在自己的办公室里，研究统一场论的数学工具，那些工具也让他想起以往的岁月……其实，爱因斯坦在20世纪30年代初就已丧失了的生活乐趣，只是在艾尔莎去世后，变得尤为明显，尤为颓丧，尤为不堪。

1949年3月，在爱因斯坦70寿辰之际，朋友们都来表示祝贺，那时，爱因斯坦刚刚做了胃部大手术，尚未完全恢复，他的身体极为虚弱。躺在病床上的他，看到朋友们的到来，努力撑着虚弱的身体，和他们幽默说笑，但是，谁都能看得出来，他说笑背后的苦闷和忧伤。

在20世纪40年代末和50年代初，爱因斯坦由于接连失去亲人，心理上的张力松弛下来，时常回忆起去世的朋友和战友们，也想起在1933年自杀的好朋友埃伦费斯特。爱因斯坦一直认为，埃伦费斯特的自杀，在某种程度上，是两代人科学兴趣之间冲突的结果，或者说，是科学向科学家提出问题，而科学家没能找到答案冲突的结果。每当想起这些逝去的亲人和朋友，爱因斯坦的心情就格外低落，不愿与人交谈，经常一个人，静静坐在沙发上，或静静走在林荫小路上，沉默不语。

与埃伦费斯特相比，爱因斯坦是乐观的，科研与答案并没有让他丧失正常的判断，避免了发生在洛伦兹和埃伦费斯特身上的悲剧，但他的孤独寂寞和悲伤，却是他们不曾品尝到的。

在1916年建立相对论所克服的困难，和建立统一场论面临的更大困难，给爱因斯坦带来痛苦的感受，但是，他毫不动摇地坚信，无论科学道路多么复杂紊乱，终将达到与存在的和谐相符。

爱因斯坦的精神世界，不像一个平静的湖面，而更像波澜壮阔的海面，潜藏着巨大的波涛和暗流。在普林斯顿期间，爱因斯坦一再回忆、分析埃伦费斯特自杀的悲剧，并且常常和人谈起埃伦费斯特的事，他怀着激动而宽容的情绪说起这件事，是因为他自己也曾有过类似的感受。但爱因斯坦的悲剧是只属于他一个人的悲剧，他不顾年迈体衰，独自走在荒僻崎岖的道路上，几乎所有人都认为走在这条路上，不会有任何结果，但他就是执拗行走不回头。

在爱因斯坦追忆的友人中，也包括去世的居里夫人，爱因斯坦常常在不经意间想起她的音容笑貌，以及与她之间20年友谊的历历往事。在爱因斯坦看来，一个科学家的道德品质，比他的科研成就具有更大的魅力，而居里夫人，她的坚强，她的纯净，她的虚怀若谷，她的严于律己，她的客观公正，都集于一身，是一个让世人敬仰的伟大女性，更是一个让他从内心深处敬仰的女性。

1947年年初，爱因斯坦最亲密的朋友朗之万逝世，得知这个消息，爱因斯坦悲痛不已，不敢相信这个事实，曾在一起探讨争辩的一幕幕清晰浮上心头，岁月已逝容颜老，那些难忘的回忆常常让他唏嘘感叹。

1939年，爱因斯坦的妹妹玛娅来到了普林斯顿，兄妹俩长得极为相似，就连说话的语气、面部的表情和孩子一样的意气用事，都惊人地相像。玛娅在普林斯顿期间，毅然承担起照顾哥哥的重任，让爱因斯坦生活无忧。但是不久，玛娅就病倒了，且病情日渐严重。在妹妹病重期间，爱因斯坦经常放下一切陪伴照顾妹妹，有时读书给她听，在她的病榻前度过了许多难忘的时光。1951年夏，玛娅去世，爱因斯坦深受打击，好久都不能走出沉痛的情绪。如此，在爱因斯坦的身边，最亲近的人，只剩下玛尔戈和杜卡斯了。

爱因斯坦住在离普林斯顿研究院不远的一幢二层楼里，清晨，他总是沿着这条街去研究院，再拐进一条茂密的林荫道，踱步到研究院。研究院被一个大公园环绕，绿油油的草坪，间杂着各种树木，还有一些果树，到了秋天，路上满是树上掉下的成熟果子。爱因斯坦非常喜欢这幽静的环境，每次行走在这条小路上，都不由得放慢了脚步，尽享大自然给他带来的宁静与温馨，并在这份宁静中回忆过去的点点滴滴，深思凝望。

在爱因斯坦的工作室，四面墙壁全被书架占满。一扇房门通向阳台，是他劳累时休息大脑呼吸新鲜空气的地方。一扇窗经常开着，窗前是一张方桌，上面堆满了科研的书籍和笔记，桌旁的小茶几上，放着他心爱的烟斗，靠近门口，有一张长沙发。爱因斯坦经常坐在沙发上，把纸放在膝盖上写字，并把写完的纸扔得满地都是。

1943年，罗素也迁居到普林斯顿，在他心里，爱因斯坦是一个没有虚荣心的人，待人热情不冷漠，虽然个性有原则，但朴实无华，幽默风趣，极具亲和力，和人交往毫无优越感，不仅是一个伟大的科学家，还是一个待人诚恳的朴实的人。

在普林斯顿期间，爱因斯坦的科研对大多数物理学家来说是陌生的，更不为广大公众所了解，他只是在竭力勾画一幅合理的、客观的、丝毫没有任何人类中心论的自然理性的蓝图。

在普林斯顿的居民眼中，爱因斯坦既是一个百年一遇的传奇人物，又是一个和蔼可亲的独特朋友，他们习惯每天看见爱因斯坦悠闲地走在林荫小路上，并将这看做是小城独有的一道风景。

更多的时候，他们站在路边默默等候着爱因斯坦走过，并且主动和他打招呼，或站在一起随意交谈一阵，他的和善、他的衣着、他的烟斗、他的微笑、他的幽默，都给他们留下了难忘的印象，他们从心底里深深喜欢、爱戴和崇敬爱因斯坦。

6. 统一场论的艰难跋涉

在爱因斯坦的科研生涯中，任何一次失败都没使他丧失信心，但建立统一场论的艰难跋涉，却给他以沉重的打击。用他独有的幽默解释，那就是：上帝精明，但无恶意。

建立统一场论遇到的难题，让他相信冥冥之中自有大自然在操控，希望越渺茫，困难越难解，他的钻研劲头就越足。

1942年春天，爱因斯坦写信给他的医生朋友汉斯·缪扎姆，他在信中说，虽然他现在日渐衰老且孤独，但他比过去更加狂热地投入科研工作，满怀希望能够在有生之年最终解决统一场论的难题。

1944年，爱因斯坦又给缪扎姆写信，诉说科研没有进展的烦恼，并把自己说成是一个“守财奴”，这所谓的财富，便是稍纵即逝的时光，时光缓缓流逝，于他而言，是那样的宝贵，他必须控制自己少睡觉，多思考，最终走向成功。

1953年，爱因斯坦74岁诞辰，举行记者招待会，他在会上发表言论说，广义相对论完成后，自然而然引出了引力场论，希望在有生之年，在大家的见证下，完成这项科学研究。

但是，直到生命最后一刻，爱因斯坦也不断重复，并且一再叹息，这项没有完成的科研——统一场论，就像一盘没有下完的棋，让他有其心而无其力，只能抱憾离开了人世。

在这之前，爱因斯坦也曾和索洛文探讨过这个问题，统一场论不能得到验证，是因为数学上的困难，不容许赋予它以单值的评价形式，一般的、哲学的和逻辑的论据无法说服物理学家们。

1936年，英费尔德也应邀到普林斯顿研究院搞科研，研究院给他提供了一小笔奖学金，以便他能在爱因斯坦的指导下从事理论物理学研究工作。

英费尔德一到普林斯顿，马上就去拜访爱因斯坦。16年没有见面了，他想象着爱因斯坦会有何变化，一进门，爱因斯坦的年轻英气、炯炯目光、敏捷思维和满腔热忱，让英费尔德为之一振，感觉爱因斯坦并没有想象之中的衰老，也丝毫没有书呆子的冷漠。两人见面，没有尴尬的客套，自然而然谈论起统一场论的问题。此时，爱因斯坦的心早已被统一场论占据和填满，他没有丝毫隐瞒，立即向英费尔德讲述建立统一场论所做的种种尝试和无果。

正当两人投入地探讨统一场论的时候，爱因斯坦的老朋友勒维·契维塔，广义相对论的数学方法的创立者之一，也来拜访他。契维塔年近60岁，这位瘦小体衰的意大利数学家拒绝效忠法西斯政权，也和爱因斯坦一样到普林斯顿来避难。见到爱因斯坦在和朋友交谈，便欲离开，但被爱因斯坦热情挽留，坐下交谈。

于是，在一块黑板前，一个讲不好英语的瘦小老头儿——契维塔，使劲比划做着各种手势；一个因为没系腰带而不时提一下裤子，且富有表情演讲的老头儿——爱因斯坦；一个被两人深深吸引，在一旁忍俊不禁的英费尔德，三人构成了一幅独特的画面。

在现实生活中，爱因斯坦就是这样不拘小节，在他的脑子里，满是科研理论和数据，从不注重生活细节，也不注重个人仪表。后来，当有人好奇地问爱因斯坦，为什么不理发，为什么老穿一件上衣，为什么不穿袜子、不系吊带、腰带和领带的时候，英费尔德这样替他解释，人类是万事万物的奴隶，且依赖性愈来愈强，逐渐成为洗澡间的奴隶、自动铅笔的奴隶、自动打火机的奴隶、电话的奴隶、无线电的奴隶……而爱因斯坦，只是把这种依赖性减少到最低限度，拒绝做一个这样的奴隶而已。

和爱因斯坦在一起，让英费尔德感觉到，他每时每刻都在谈论和探讨科学，很少谈及生活的话题。只有一次，他和爱因斯坦一起回家，一路上，爱因斯坦滔滔不绝，始终在讲对量子力学的态度。他认为，从美学的观点看来，量子力学不能令人满意。当两人走进爱因斯坦的工作室，打开窗子，望着窗外的满目秋光，爱因斯坦不由自主地赞叹了一声眼前的秋色，在他的心里，自然界的美和科学理论的美是相互交织的，从开窗赏秋景到量子力学，他的批评与赞赏，在很大程度上只是依靠直觉。

爱因斯坦和英费尔德也在一起研究运动方程的问题。在爱因斯坦的引力理论中，不把场方程和运动方程看成是独立的。运动方程可以从场方程推导出来，但这是一个极为复杂的课题。在20世纪30年代末，爱因斯坦在自己学生的协助下解决了这个课题。

1936年—1937年间，英费尔德几乎每天都到爱因斯坦的工作室同他见面，探讨科研工作，并陪伴他散步。在他眼里，爱因斯坦就像一台富有生命力的机器，他全身心地投入搞科研，他参与外事活动谈政治，他和善听取人们的种种请求……或许，一直到死亡，才能彻底中断这架机器的正常运转。

爱因斯坦对科研工作的思考，任何理由都不能阻止，也不能说他缺乏悲悯之心，对人或社会的命运漠不关心，只是对他来说，只有沉浸在科研之中，才能忘掉悲痛和烦扰。在他妻子艾尔莎病重期间，家里的一楼变成了家庭医院，艾尔莎虚弱地躺在那里，而爱因斯坦，悲痛地感受到妻子即将与他告别，却像往常一样在二楼投入科研工作，仿佛只有这样，才能让他暂时远离悲痛的心情。妻子逝世后，他仍然拖着消瘦苍老的身躯，走进二楼的工作室，用科研工作来使自己忘掉悲哀。可以说，科研工作于爱因斯坦，就像呼吸一样重要。

1937年年初，英费尔德一年的奖学金到期，尽管爱因斯坦帮他据理力争，但延长奖学金的申请还是遭到拒绝。这时，英费尔德想出了一个与爱因斯坦合写书籍的主意。只要爱因斯坦出面，相信任何一个出版社都会预支一半稿费，英费尔德就可以继续留在普林斯顿。

英费尔德找到爱因斯坦，难为情地说出这个计划。爱因斯坦静静地听着，最后微笑着同意了。尽一切可能帮助他人，尤其是朋友，是爱因斯坦最大的愿望，并且一向乐此不疲。

1938年4月，《物理学的进化》一书问世了，正因为是爱因斯坦和英费尔德的合著，而受到广泛关注。

7. 原子时代的悲剧

1921年，爱因斯坦在布拉格讲学时，曾接见了一个执著等候见他的年轻人。这个年轻人针对他提出的伟大公式$E=mc^2$，来和他探讨物质中原子所蕴藏和释放的能量。爱因斯坦没有打断年轻人激动的话语，而是站在一旁静静地听着。

其实，物理学还没有发展到能把$E=mc^2$这个公式应用到实际中去。大多数物理学家认为，把原子的质量中蕴藏的能量释放出来，那是100年以后的事情。有人干脆说，那是永远也实现不了的事情。

可是，$E=mc^2$却有着理论上的真实性。原子能的释放是建立在把相对论运用到原子核物理学而发现的规律上。用相对论的结论推测可以断定，在最重的核发生核反应，最轻的核参与反应时，就能释放出巨大的能量。

爱因斯坦曾对此现象做过形象的描述：原子m是一个吝啬

的财主，当他在世时，舍不得花一个钱（能量）。但是他在遗嘱中，把财产留给他的两个儿子m′和mc，条件是他们给社会一小部分——少于全部财产（能量或者质量）的千分之一，两个儿子所得的财产比父亲所有的财产要少些（质量m′+mc的和略少于放射性原子的质量m），但是，给社会的部分虽然比较小，也已经如此之大（作为动能来看），以致带来了一种严重的威胁，预防这种威胁就成为这个时代最迫切的问题。

在20世纪30年代末，德国的居里夫人发现了铀核的裂变反应。与此同时，在美国，西拉德等一些科学家也在研究铀的裂变问题。

玻尔的研究得出了答案：铀235，只要提炼出铀的这种同位素，而且达到一定数量，就能发生链式反应。铀的链式反应就是炸弹，它的威力要比普通炸弹不知高出多少倍，刹那间，千千万万的生命都会被烧成灰烬。

当政治地平线上乌云密布之际，原子时代的曙光冉冉升起。面对希特勒德国迅速增强的战争潜力，爱因斯坦考虑得更多的问题是：物理学研究的成果终将落到谁的手中？

1939年，战争终于爆发，爱因斯坦面临着一个尖锐的问题，假如将链式反应运用到军事上，制造出一种威力无比的新型炸弹，如果让希特勒德国抢在前头，那将是多么可怕的事情。

1939年 7 月，爱因斯坦在日本长岛避暑，西拉德和另一位物理学家维格纳前去拜访，他们极想通过爱因斯坦将这件事转达给政府，千方百计阻止纳粹德国制成铀弹，预防这样可怕的灾难。他们还想求助爱因斯坦向比利时王太后伊丽莎白呼吁，因为比利时当时贮存着铀，他们不希望它被德国所利用。他们甚至还想通过爱因斯坦，使美国政府机构注意到铀弹的严重性。

当时，爱因斯坦并没想到在铀内可能产生链式反应，但还是表示愿意提供帮助。于是，初步决定，在通知比利时政府以前，先把计划报告呈递给美国国务院。

1939年8月，西拉德再次拜见爱因斯坦，与他探讨写给美国总统罗斯福的信，爱因斯坦参与拟写了这封信。在信中，详述了铀元素会变成一种重要的新能源，会产生出巨大的能量，对人类造成严重危害，恳请总统高度重视并迅速采取行动，加速科学研究，制造出这种新型威力炸弹，防止纳粹德国提前研制，对世界和平造成巨大的威胁。

1939年10月，爱因斯坦把这封信呈递给罗斯福总统。起初，罗斯福还没意识到问题的严重性，事情被搁浅了，随着形势逐渐紧迫，为了防止纳粹德国跑在前头，他才下令成立了一个秘密的委员会，并举行首次会议，但爱因斯坦并没有列席参加。

据说，在举行首次会议的时候，美国官方曾邀请过爱因斯坦参加，但是他不愿意出席，因为爱因斯坦只是想把人类从法西斯的铁蹄下解救出来，才签署了给罗斯福的信，他对于研究武器，并不感兴趣，推说不懂原子核物理，而谢绝了邀请。

但也有人说，美国官方原本就没有邀请爱因斯坦，因为在美国，也和在德国一样，爱因斯坦常常被人称为“共产党”，这使许多美国有权势的人都感到头疼，他们实在不想让有“共产党嫌疑”的人参加新式武器的研究，这也是美国的官方政策。

在罗斯福总统的首肯下，开始筹备制造原子弹，但研发速度并不快，政界和工商界阻碍了工作的开展。1940年3月，爱因斯坦给总统寄去第二封信，重点谈到纳粹德国也要开始研究原子弹了。在纳粹炸弹的威胁下，美国加快了研制原子弹的进程，并在第二次世界大战结束前，终于研制成功，真正拥有了原子弹。

8. 广岛长崎的惨痛记忆

1945年8月，爱因斯坦正在纽约州萨兰那克湖畔度假。一天下午，爱因斯坦午睡醒来，正要下楼吃茶点，却见秘书杜卡斯在客厅里焦躁地等着他，脸上一副沉郁凝重的样子。爱因斯坦没有注意到这些，他手里拿着长烟斗，朝沙发缓缓走去。

杜卡斯连忙站起身，走到爱因斯坦跟前，低声告诉他，就在今天早晨，一架B29轰炸机在日本广岛投下了原子弹。这个消息犹如一颗炸弹，在爱因斯坦的耳边炸响，他惊叫了一声，愣愣站在那里，紧锁着眉头，好久没有应答。杜卡斯赶快走过来，扶他在沙发上坐下来。爱因斯坦坐在那里，一动也没动，表情复杂。这样的消息，曾在他心里恐惧着担忧着，没成想竟然这么快就突袭而来了，让他思想的大海，掀起了风暴。

两天之后，长崎又遭到第二颗原子弹的轰炸。“广岛已成焦土”、“长崎将成死城”——触目惊心的大标题，出现在报刊媒体的头版头条。

在这之前，有人曾把爱因斯坦称为“原子弹之父”，因为，他的论证公式$E=mc^2$，奠定了原子弹的理论基础，而且，他写给罗斯福总统的那封信，开启了原子弹研究和制造的进程。

然而，在爱因斯坦的心中，“原子弹之父”这个称号，有多么光荣，就有多么耻辱。$E=mc^2$，这个伟大的公式，浸透着世人的鲜血，蕴含着巨大的恐怖。轰隆一声巨响，天空中的蘑菇云，比1000个太阳还热，比1000个太阳还亮。这1000个太阳，没有给世间带来丝毫温暖和光明，却在世界投下了黑暗的阴影，带来了死神的叫嚣。

庆幸的是在当年，希特勒把那么多优秀的原子科学家都赶到了美国，在战争初期，妄图以“闪电战”和常规武器夺取最后胜利的希特勒法西斯，并没有将哈恩的伟大发明用于战争。而在战后，1942年夏天，由于德国财源枯竭，没有进行原子弹研究，也使参加原子能研究的物理学家们免于承担了道义上的重负和谴责。否则，德国一旦研制出原子弹，恐怕这世界都要覆灭了。

如今，美国拥有了重磅武器，并且向日本广岛和长崎分别投下了原子弹，在世界引起轩然大波，更让日本人民蒙受了惨绝人寰的重大损失。爱因斯坦的心里，感到沉重的压力，为了竭力预防和劝阻美国再次实行原子弹袭击，在诸多科研专家的建议下，他决定再次向罗斯福呈递一封信。信是发出去了，可是罗斯福并未收到。1945年4月，罗斯福突然逝世，在他的办公桌上，还放着这封尚未批阅的信件。

广岛和长崎的惨痛悲剧，使爱因斯坦深感痛心，他痛悔自己曾向罗斯福总统呈递信件，提醒催促总统组织研讨原子弹，以此来威吓德国，但他绝对没有想到，美国研制成功后，竟然首先向广岛和长崎投放了原子弹，成为祸及整个地球的灾难。

爱因斯坦呈递信件，并不是打开潘多拉盒子的钥匙，他对研究原子弹的参与，只是参与组织分裂铀的实验工作，并没有参与原子弹的研制，但原子弹带来的悲剧，却让爱因斯坦为此悲悯和愤慨。这样的负重感，没有让爱因斯坦丧失信心，在他心里，人类一定能够很好地利用原子能，消除原子战争的危险，并把原子科学成果最终用于创造和改变世界，服务于人类社会。

在世界自然科学家中，没有一个人，像爱因斯坦那样，干预阻挠影响世界和平的因素。可以说，爱因斯坦的一生，在进行科研的同时，更多地关注着世界的和平事务，或许，只有纯粹的科学，才是他的真正使命、理想和职务。

1945年秋天，爱因斯坦在普林斯顿广播公司发表言论，希望人们前事不忘后事之师，永远不要再让原子弹的悲剧重演，不要毁灭人类的文明，要将原子能用于建设和平和谐的世界，比如，应用小量的铀，用于开动汽车或者飞机等。相信终有一天，彻底解决这个问题，被人类充分利用。爱因斯坦发自肺腑的讲话，受到人们的一致赞同和响应。

1946年 5 月，爱伦堡拜访爱因斯坦，两人谈论原子弹的悲剧。在爱伦堡的记忆里，深深记得当时的情景。当他见到年过六旬的爱因斯坦，只见他随意地穿着一件高领绒衣，一支自来水钢笔，插在高高的领子上，头发花白，容颜沧桑，但精神矍铄，谈吐不俗，一双忧郁的大眼睛，深邃忧郁，却又透露着和善的目光，让人一见就觉得亲切。

爱伦堡和爱因斯坦，两人一见如故，他们互相倾吐了对原子弹的看法。爱因斯坦认为，广岛和长崎的毁灭，让人对世界和平与文明深深担忧，必须牢记这个事故的教训，让类似悲剧永远不要再重演。

爱因斯坦虽然没有参加核弹研究，但他更深切地经受了科学被用于军事侵略导致的悲剧，直接参与研制原子弹的人，也许更尖锐更痛苦的经受了原子弹爆炸的惨痛。

在爱因斯坦的记忆里，曾经有一个美国的学生，在《纽约人》杂志上读到关于原子弹爆炸的惊人报道，甚至跑来向他致谢，让他感到内心沉痛与悲哀。他不明白，这份谢意从何而来，他只是觉得那个学生是个浑蛋小子。

他在心里认定，反对原子弹的威胁，便是反对战争内容的一部分，他将致力于此，直至生命的最后一息。

Chapter 11

第十一章　死与不朽

ALBERT EINSTEIN

1．最后的和平宣言

1945年12月，在纽约诺贝尔纪念宴会上，爱因斯坦发表了《战争赢了，但和平却还没有》的长篇讲话。

在讲话中，针对核弹给人类带来的危机，爱因斯坦旁征博引，以阿尔夫雷德·诺贝尔发明炸药为例，讲述具有超级破坏能力的炸药出现之后，为了赎罪和良心的宽慰，诺贝尔曾设置奖金来促进和平和实现和平。如今，参与研制原子弹的物理学家，被同样的责任感纠结与烦恼，希望能够唤醒世界各国人民，尤其是各国政府，彼此改变相处的态度，并且以高度负责的姿态来规划安全的世界与未来。当初，创造研发原子弹，只是为了防御纳粹德国首先得到，并对世界和平造成威胁。提醒和督促美国研制，是因为把美国以及英国看做是人类和平的维护者，只叹，战争赢了，和平却还没有实现。爱因斯坦的一席话，为各国及其人民的和平愿望敲响了警钟，事实证明，只有世界和平共处，人类才能不断进步。

战后混乱的国际秩序，新的军事对抗，依然存在的社会不平等，特别是原子弹能否被理智地控制，让爱因斯坦格外关注。他像战前一样奔走呼吁，揭示战后的前景灰暗，各国之间必须改变相处态度，否则，人类的文明将在劫难逃。

早在1940年，爱因斯坦就预感到，呈递给罗斯福的那封信，是他一生中最痛心的回忆。如今，原子弹就掌握在美国的手中，但却不能承诺，不以原子武器威胁世界和平。尽管当初，为了遏制希特勒而不得不如此，但战后几年间，美国的“原子外交政策”，以及以原子弹进行政治讹诈的行为，同样让爱因斯坦深深担忧，并且极其愤慨。

1946年年初，美国拟定召开“全国科学家会议”，爱因斯坦接到会议通知后，提前写了一封信，呼吁参加会议的全体科学家，担当正义，建议美国勿以原子武器称霸世界，千万不要成为危害子孙后代的牺牲品。在呼吁科学家、知识分子为世界和平尽职尽责的同时，爱因斯坦还提出一个口号：把原子弹的秘密交给一个世界政府看管。

第一次世界大战之后，爱因斯坦曾经把希望寄托在国际联盟上。如今，他又把希望寄托在新成立的联合国上。法西斯主义已经覆灭，滋生侵略战争的温床已经铲除，他多年来热烈向往的世界政府，似乎有了实现的可能。把联合国来一番改组，不就成为世界政府了吗？把军队交给世界政府，由它来维持国际秩序，和平不就有保障了吗！

1946年 5月，爱因斯坦在芝加哥参加“争取世界联邦政府学生大会”，在会上进行演讲，他再次呼吁，要创立一个能够运用司法裁决来解决各国之间冲突的世界政府，只有世界政府才可以动用进攻性的武器，任何国家或个人，都应该支持这个和平建议，放弃以武力解决侵略的手段，以求得世界和平和谐。

1947年 9月，在给联合国大会的公开信中，爱因斯坦表示，如果每个公民都认识到，在这原子时代，安全与和平的唯一保证是超级国家政府的不断发展，那么就会尽一切力量来加强联合国建设，世界上每一个有理性且敢于负责的公民，都必须知道他应当如何抉择。

爱因斯坦的良苦用心并没有得到积极的响应，相反，右派分子蛊惑叫嚣，提醒人们提防爱因斯坦，声称他是一个煽动家，是共产党的奸细，他一再呼吁世界和平，是要把美国掌握的原子弹秘密，通过世界政府泄露给俄国佬。

左派分子则批评攻击他，想把世界变成一个超民族的国家，就是企图叫社会主义的苏联放弃独立。提出世界政府的口号，就是替美帝国主义称霸全球的野心缝制一块遮羞布。

爱因斯坦坦然地面对这一切，他仍然继续呼吁，科学家可以决定悲剧重演，肩负着神圣的责任和义务，必须尽全力制止用科学武器去进行残杀。

1947年，爱因斯坦发表言论说，人类终于懂得，当前的任务是什么，这就是寻求谅解，为的是实现各国人民间、不同信仰的各民族的彻底谅解。各国人民间的谅解，不同社会制度的国家间的和平共处，禁止核武器，并反对种种战争的煽动，这一切，成为爱因斯坦晚年思想活动、社会政治生活的中心。为了实现上述目标，爱因斯坦毫不吝惜自己的精力。可以说，一直到他离开这个世界的前几天，他还为他所挚爱的人类献上一颗赤诚的心，这就是“罗素——爱因斯坦宣言”。

这个宣言原来的名称叫《科学家要求废止战争》，是由罗素起草的。1955年2月，罗素写信给爱因斯坦，讨论此事，爱因斯坦回信表示赞同，并写信给玻尔，希望玻尔作为发起人，但被玻尔拒绝。

1955年4月，罗素把拟写的宣言草稿寄给爱因斯坦，爱因斯坦在宣言上签名。两天后，爱因斯坦病情加重，不幸离世。这篇宣言，直到1955年7月，才由罗素在伦敦公开发表。当时在宣言上签名的，除了罗素和爱因斯坦外，还有美、英、法等国科学家，在拟邀请的15名科学家当中，有10人没有参与签名。后来，又有2人签名，这12个人中，除了英费尔德和罗特布拉特，其余都是诺贝尔奖获得者。这个宣言发表时，罗素曾将副本分送给美、苏、中、英、法、加6国政府首脑。

在某种意义上，这个宣言就是爱因斯坦留给人类的宝贵遗言，宣言呼吁各国科学家团结起来，达成协议，必须学会用新的方法来思考，共同探讨采取怎样的措施，来制止任何军事灾难。新的核弹比旧的核弹具有更大的威力，一颗原子弹能毁灭广岛，而一颗氢弹就能毁灭伦敦、纽约和莫斯科那样的大城市。必须牢记，东西方之间争端的解决，无论是共产主义者还是反共产主义者，无论是亚洲人还是欧洲人或者美洲人，无论是白种人还是黑种人，都要坚决避免用战争去解决争端。

这个宣言发表后，在罗素的积极推动下，由美国大企业家赛勒斯·伊顿资助，1957年7月，以《罗素——爱因斯坦宣言》签名者的名义，在加拿大东部新斯科舍州的普格瓦许村伊顿家，召开了一次有10个国家共22位科学家参加的会议，此后，类似会议每年一次，分别在维也纳、莫斯科和伦敦等地召开，并将会议统称为“普格瓦许——科学和世界事务会议”，罗素生前是这个会议的常务委员会主席。

1957年，会议通过一个决议，核武器威胁着人类的继续生存，敦促世界各国政府公开承认，任何目的决不能通过世界大战来达到，要寻求和平办法来解决一切争端。

爱因斯坦也和那些科学家们一样，在呼吁世界和平的同时，遭到形形色色的政治家们无情的嘲弄。几十年之后，事实证明，他们的主张正是全球和解的基础，历史验证了他们思想的伟大。

2. 巨星陨落

1955年4月，爱因斯坦感到右腹部不适，且疼痛日渐加剧，赶快到医院去诊治，医生确诊为主动脉瘤，并建议他立即动手术治疗，被爱因斯坦拒绝了。

爱因斯坦十分了解自己的身体，自从1917年那场大病以来，胃痉挛、头晕、恶心和呕吐等病痛始终困扰折磨着他，尝试服用各种药物，也不见效果。

1945年和1948年，他又接连做了两次大手术，体力很久都没有恢复过来，始终卧床休息。这一次检查，发现主动脉上有肿瘤，无疑是一个致命的定时炸弹，为爱因斯坦的身体敲响了警钟。爱因斯坦深知，这个定时炸弹，不定什么时候就会爆炸。

确诊为主动脉瘤的第二天，心脏外科专家格兰医生专程从纽约赶来，想要说服爱因斯坦尽早手术治疗。格兰医生看到，病人很虚弱，开刀虽然很危险，但还是建议尽快开刀，因为，对付主动脉上的肿瘤，这是唯一可行的治疗方法，否则不堪设想。

爱因斯坦并不同意格林医生的治疗方案，几年前，当医生告诫他，那个主动脉瘤可能随时破裂，造成生命危险的时候，他还笑着开玩笑呢，一点也没有将这个动脉瘤当回事。他在心里不想配合治疗，一是觉得自己年纪大了，二是心态安然，觉得人生在世，有些事情是人无法阻挡和影响得了的，一切都应顺其自然、顺应天命。

4月15日，爱因斯坦病情恶化，他的助手杜卡斯，急忙找来医生进行诊治，医生建议爱因斯坦立刻住院治疗，爱因斯坦只是坚决地摇头，不肯听从医生的建议。医生非常了解爱因斯坦的倔强，只得劝解爱因斯坦说，杜卡斯小姐为了他的安危焦躁不安，夜不成寐，也快要支撑不住病倒了。爱因斯坦向来是个善解人意、善为他人着想的人，杜卡斯小姐，他的忠实助手，从1928年爱因斯坦生病以来，始终照顾陪伴着他，先当秘书，后当管家，如今又兼任护士，不离不弃，始终相随，她确实疲惫不堪，快要顶不住了。看着焦虑的杜卡斯和医生，爱因斯坦终于同意住进了普林斯顿医院。

一住进医院，爱因斯坦就让人把他的老花眼镜、钢笔、一封没写完的信和一篇没有做完的计算送来。躺在病床上，虚弱的爱因斯坦让人把床铺摇起来，努力欠起身子，戴上老花镜，抓起笔，想把那封没有写完的信写完，把那道没有计算完的科研题目计算完，可是，心有余而力不足，他靠坐在床上，头上冒着虚汗，钢笔在手中几番滑落，就是无力握紧，更别提写字计算了。他恼怒地哀叹着，却又无可奈何，他意识到，属于自己的时间或许真的已经不多了。

4月17日，爱因斯坦感觉稍微好一些，有人来看望的时候，还能和人谈聊几句。当日，他的儿子汉斯坐飞机从加利福尼亚赶来，女儿玛戈尔因病住在同一个医院里，她也坐着轮椅赶来，兄妹俩一起来到父亲的病床前。看着眼前的一双儿女，爱因斯坦显得很高兴，他微笑着与他们交谈，并且若无其事地告诉他们别担心，一切很快都会过去的。看到父亲病成这样，还不忘幽默地说笑，孩子们脸上挂着笑，心里却在流泪，在他们的心里，是那么害怕失去父亲，多希望，父亲还能健康多活几年，再陪他们走上一段人生路。但是，他们知道，父亲太累了，也该歇歇了。

在这期间，好多朋友、同事也都赶来看望爱因斯坦，爱因斯坦感谢他们的关心和惦念，感谢他们多年来对他的帮助，并且总是平静地重复着这样的一句话：别难过，人总有一天都要死的。这一句话，让朋友们听了面面相觑，黯然神伤。

就在这天夜里，爱因斯坦体恤杜卡斯的日夜看护，一再让她回去休息。凌晨1点，爱因斯坦感到呼吸困难，被值班的护士发现，就想赶快跑去寻找医生，刚刚走到房间门口，就听到爱因斯坦用德语说了几句话。护士没听清楚，以为是很重要的话，连忙跑回到病床前，弯下身子请他再重复一遍。就在这一瞬间，1955年4月18日1时25分，爱因斯坦终因腹腔主动脉破裂，与世长辞，享年76岁。

巨星陨落，万民涕泪，举世同悲。两个多世纪以前，科学巨人牛顿的逝世，在英国和欧洲范围内引起一片悲恸。现在，爱因斯坦离世的消息传遍地球每一个角落，听到这个不幸的消息，得知20世纪最伟大的物理学家逝世，人们在心中深深地悼念与敬挽。

新闻媒体上刊登的悼词表达了人们的痛悼之情——“世界失去了最伟大的科学家”、“人类失去了最伟大的儿子”……广播中、报刊上，也到处传扬着人们的颂念之词——“爱因斯坦开创了物理学的新纪元”、“爱因斯坦改变了人类对世界和宇宙的认识”……

人们更多地想起了法国物理学家朗之万曾对爱因斯坦的中肯评价：

在这一时代的物理学史中，爱因斯坦位居最前列，是人类宇宙中的一颗璀璨巨星。可以肯定地说，他的伟大与牛顿相媲美，或者说，比牛顿更伟大，因为他对于科学的贡献，更加深刻地融入了人类思想基本概念的结构中。

唁电和唁函，从世界的每一个角落飞往美国的普林斯顿，有的来自学术团体，有的来自国家元首和政府首脑，有的来自著名的科学家，也有的来自普通的平民百姓。人们真心缅怀他，因为，他改变了人类对宇宙的认识，开拓了科学造福于人类的广阔的前景，为世界和平与进步进行了不屈不挠的毕生的斗争。

3. 独特的遗嘱

爱因斯坦生前不慕虚荣，死后不要哀荣。

早在病情危重时期，爱因斯坦就曾明确立下遗嘱。他在遗嘱中要求，逝世之后，不发讣告，不举行葬礼，遗体火葬焚化，骨灰秘密撒在不为人知的河流里，不做坟墓，不立纪念碑，不举行公开葬仪，甚至下葬的时间和地点，除少数几位家人和好友之外，一律不予通知，坚持一切从简。

他还曾经说过，我不过是自然界的一个极微小的部分。他把一切献给了人类从自然界获得自由的征程，最后连自己的骨灰也回到了大自然的怀抱。

在遗嘱中，爱因斯坦还将梅塞街112号他的居住地，赠与跟他工作了几十年的秘书杜卡斯小姐，并且一再强调，不要将这房子变成人们“朝圣”的纪念馆；他在研究院里的办公室，也不要荒废，尽快让给别人使用……他一生不崇拜偶像，也不希望以后的人把他当做偶像来崇拜。

爱因斯坦还曾主张将骨灰撒在空中，和宇宙人类融为一体。早在1917年，爱因斯坦大病的时候，就曾坦然告诉朋友，世人终有一死，而自己并不怕死，笑对死神。

还有一次，在与英费尔德的谈话中，爱因斯坦曾表示，人的生命，是一幕辉煌的戏剧，总有演出结束落下帷幕的时候。人人都喜欢活着，但是，倘若知道还有3个小时就将死去，会认真思考怎样利用好这剩余的3个小时，快速收拾好科研时演算的纸张，然后静静躺下，等待死亡的来临。这就是爱因斯坦，一个时时将科研工作放在首位，倾心投入科研的一个怪人。

在爱因斯坦之前的两千年，有一位怪癖的大思想家伊壁鸠鲁，由于性情怪异被认为是个人享乐的崇拜者。他极力反对恐惧死亡，他认为，当人存在的时候，没有死亡，当人死亡之后，肉体和灵魂就已不复存在。他在自己濒临死亡的时候，主动坐进热气腾腾的洗澡盆，喝下浓郁的醇酒，并在遗嘱中，将这一天称做是自己最幸福的一天。

爱因斯坦的身上绝无伊壁鸠鲁式的怪诞行为方式，但他又在实质上有些靠近伊壁鸠鲁对生命达观的省悟。不同的是，对个人生命的终结，爱因斯坦与伊壁鸠鲁是一致的，平静而坦然，但面对环绕生命的世界环境，爱因斯坦却不同于伊壁鸠鲁，他以极大的热情关注着世界环境是否能够达到永恒的和谐。因此，对生命消逝的平静与生命环境的忧伤，辩证地影响着爱因斯坦晚年的心境，只有理解这一点才能真正理解爱因斯坦。

20世纪40年代末期，在爱因斯坦的信中，经常流露出对生活厌倦的感慨，并掺杂着对逝去生命缅怀的忧伤，这种平静的忧伤，就像一个人，在寂静的傍晚独处时的落寞感受，围绕着爱因斯坦的晚年生活。

在爱因斯坦独特的意识中，他无视个人生死，从不惧怕死亡，只是控制不住内心的忧伤，那些一一离他远去的亲人的影像，埃伦费斯特、艾尔莎、朗之万、玛丽·居里、玛娅·爱因斯坦……时常从他的脑海闪过，给他带来莫名的哀伤，忧伤与孤独，侵蚀着他晚年脆弱的心灵。

当年，爱因斯坦执著选择将物理学研究作为终生的事业，就走上一条与众不同的科研之路，物理学的不和谐与生活世界的不和谐，注定要为爱因斯坦刻写双重的注解。埃伦费斯特就以自杀的方式中断了这种忧伤与孤独，爱因斯坦则不同，他视这种悲剧性冲突矛盾为客观存在的事实，并坦然接受科研探索中的失败，以及生活中的不和谐，这既是科学真理的不朽，也是崇高生命的不朽。

1955年春，这曾是爱因斯坦最后一个春天。爱因斯坦平静地承认，用统一场论解释宇宙的构造还很遥远，尽管他为此花费了40年的心血，这种“追求真理”的坦然其实就是生命意识的表现。

1951年1月，“第一小提琴手”爱因斯坦曾写信给“第二小提琴手”比利时王后伊丽莎白，他在信中说，再也不想拉小提琴了，这些年来，听自己演奏，对他来说，是一件让人难受的事。只有科学研究，始终是一件使他着迷的事，并将持续到停止呼吸。

真理不属于个人，甚至不属于发现者，就像爱因斯坦，从不认可他发现了相对论的提法。生命若想不朽，就得在追求真理的过程中留下探索足迹。让我们，记住爱因斯坦说过的一句话吧：死去的我们，将在我们共同创造的事物中得到永恒与不朽。

曾给爱因斯坦画像的巴伐利亚画家约瑟夫·萨尔，于1938年逃出纳粹监狱来到普林斯顿。他在街上徘徊，询问一位悠闲散步的老人，对爱因斯坦科学研究毫无所知的人，为什么这样敬仰他呢？老人回答，每当他想到爱因斯坦的时候，就会感觉不再孤单。这就是人们眼中的爱因斯坦，他的不朽，是人间永恒的不朽。

让我们，让全世界的人类，都向爱因斯坦致以深深的崇高的敬意。

4. 探索大脑的奥秘

1955年4月18日，美国新泽西州，普林斯顿医院，20世纪最伟大的物理学家爱因斯坦因主动脉肿瘤破裂辞世。

虽然遵照他的遗嘱，没有举行追悼会，也没有为他建立纪念碑，但这位伟大的科学家永远被世人敬仰与怀念。

有关他的遗嘱，社会上流传着许多种说法。有人说，他生前已经明确表示，死后要捐出脑部供科学研究；也有人说，他生前就想到了自己大脑的重要性，但没有表示捐出的意思；还有人说，他在重病期间，曾与主治医生认真探讨过这个问题，但最终没有做出肯定的承诺。

分析人士认为，爱因斯坦当然知道自己大脑所具有的科研价值，如果他决定身体火化，以其聪慧，必然会在遗嘱中详细声明：死后遗体完整火化。事实上，他并未写上“完整”这个字，所以，他至少已经默许了，死后大脑可以供后人研究。

爱因斯坦逝世之际，托马斯·哈维是普林斯顿医院的病理科主任，时年42岁，他对这位科学泰斗仰慕已久，虽然他和爱因斯坦仅有一面之缘，却碰巧成为解剖爱因斯坦遗体的医生。解剖完毕，哈维宣布了爱因斯坦的确切死因，爱因斯坦的儿子汉斯、好友兼遗嘱执行人内森在场作证。在征得两人同意之后，哈维取出了爱因斯坦的大脑。随后，这颗大脑的下落，以及这颗堪称历史上最聪明的大脑究竟有何过人之处，成为20世纪最传奇的谜团之一。

世上果真有天生非凡的大脑吗？大脑构造跟聪明才智之间是否有关联？历史上最聪明的那颗大脑，为何在一个被解职的医生家里珍藏了50年？它的主人3岁才会说话的原因找到了吗？他满腹的智慧和灵感缘自何方？那些科学家们又从中发现了什么？

在之后相当长的一段时间里，作为人类历史上珍视的大脑，究竟在哪里被何人妥善珍藏，始终不为人知，直到50多年后，才真相大白昭然于世，重新回到普林斯顿医院保存。

在这段传奇的故事背后，全世界的科学家们始终都没有放弃对爱因斯坦大脑的研究，正如爱因斯坦在自然界中捕捉物质和能量的精髓，世人则在试图探寻天才的精髓。据不完全统计，研究过爱因斯坦大脑的科学家不下百名。有人猜测，这其中肯定有惊人的发现，但很多科学家或许是在政府的授意下进行研究的，成果属于国家，不便发表言论。

没有人能够知道，爱因斯坦的脑部构造是否是他成为天才的原因，毫无疑问，他的一些才华来自遗传，但他从事的科研课题却需要大量的研究和思考，这种思维活动也可能改变他的脑部构造。

究竟是谁拿走了爱因斯坦的大脑呢？在爱因斯坦逝世的当夜，病理医师托马斯·哈维作为尸检人员，打开了爱因斯坦的头骨，往脑动脉中注入了防腐剂，再把大脑泡进固定药水，小心谨慎地保存起来。虽然哈维医生许诺将爱因斯坦的大脑用于科学研究，并得到了爱因斯坦的儿子汉斯的许可，但这一举动还是引发了无数争议。有些著名神经病理学家甚至强烈建议哈维放弃，但他没有理会，于是，他很快就被医院解职。

随后的时间里，天才的大脑始终伴随着哈维，带给他厄运，也带给他短暂的盛名。在他的一生中，虽然他先后经历了离婚、失业、吊销行医执照等，却从未想过要丢弃大脑的样本。

作为爱因斯坦大脑的保管者，数十年来，哈维收到过世界众多神经科学家的来信，他们希望能够得到一部分样本来进行研究，但大多数请求都被哈维拒绝了。

1997年，哈维曾经带着大脑样本横穿美国加州，特意去拜访爱因斯坦的孙女，在他的心里，想把这些样本转送给科学家的后人留存。但是，见到了爱因斯坦的孙女之后，他却突然改变了主意，又将大脑样本完好无损地带了回来。

其实，美国政府早就得知爱因斯坦的大脑保存在哈维那里，成了他的“私有财产”，始终对此严密关注着，只是没有强制他把大脑交出来。当哈维把大脑从实验室中取出，准备横贯大陆去拜访爱因斯坦的孙女时，负责保护大脑的美国联邦调查局连忙派人秘密跟踪。哈维不知道，他从东到西走了4000公里，联邦调查局特工竟也跟踪了他4000公里。

可以说，哈维对爱因斯坦的大脑如此固执而热衷，并非完全为了名气，更不是为了金钱，因为，在这之前，他曾多次拒绝他人高价购买大脑样本的要求。他始终恪守着对爱因斯坦一家的承诺，并在他的后半生里，尽自己最大的努力，希望能用科学的方法解读这位伟大科学家的智慧密码。

事实上，在爱因斯坦离世的那天晚上，大脑一被固定，哈维就对它进行了仔细测量，发现大脑重量仅为1230克，与人们对天才的期望相距甚远，这个重量，在70多岁的老年男性里，只不过是一个较低的数值。为了拍照存真，哈维从各个不同角度拍了许多照片，还请来一位画家进行素描，这些照片成为以后科学推断的重要依据。

哈维被解职之后，他将大脑带到费城医院。在那里，经过专业医师遵照大脑解剖图谱，将珍贵的中枢神经组织小心翼翼地分割成为240块。一些脑块又被切成薄片，固定在玻璃片上，共计制作出12套这样的脑片标本。然后，哈维将这些标本寄送给神经界最知名的科学家，希望由此能够得出惊人的研究发现。

最初，对爱因斯坦大脑的研究，一度引起人们的浓厚兴趣，但经过科学研究，那些参与的科学家们宣布，不论是大体形态，还是神经细胞的数量，都与普通人没有太大区别，脑重还达不到现代人类大脑的平均重量，只是，与同龄人相比，大脑更为健康，退化的迹象较少而已。

唯一引起轰动的，还是来自于爱因斯坦本身的名气，当哈维把大脑样本呈现在新闻媒体的面前，彻底曝光了整个事件的内幕时，记者们震惊了，世界更是一片哗然。曝光的事件，也把他的生活搅动得翻天覆地。相当长的一段时间里，对爱因斯坦大脑的科学研究毫无进展。

20世纪80年代，哈维重新启动对爱因斯坦的大脑进行研究的工作，他把脑部切片分别送给美国、加拿大、德国等著名科学家。美国加州伯克利大学的教授玛丽安·戴蒙德教授也因此获得4块脑组织，参与了此项研究。

1985年，戴蒙德公布了研究结果，在和11位普通人的大脑进行对比之后，她惊奇地发现，爱因斯坦的大脑皮层中，神经元密度较高，有十几个与常人有异的细微之处。由此推论，爱因斯坦大脑皮质神经元有较佳的传输效率，这也许跟他在物理学上的天赋和对音乐的酷爱有关，是爱因斯坦以全新的视角诠释物理学的原因所在，似乎可以解释他的卓越天分。

这一发现一经宣布，立即在世界上引起轰动，让媒体再次掀起了新一轮爱因斯坦的热潮。只是，这份研究报告在科学界饱受争议。

1997年，哈维听说加拿大麦克马斯特大学的桑德拉·维特森教授，拥有一个庞大的脑组织保存库和世界上最多的大脑样本，并且研究颇深，哈维主动找她联系，想请她研究一下爱因斯坦的大脑。

在得到维特森的肯定答复后，哈维欣慰地想，在有生之年，或许他终于等来了那个能够解开谜底的人。年迈的他，小心翼翼地携带着大脑的样本，亲自将它送到维特森的面前。

维特森最后挑选了14块样本，而在此之前，哈维从未给过任何人这么多的样本。出人意料的是，维特森最重要的发现，不是来自这14块样本，而是来自哈维当年给大脑拍摄的原始照片与记录。正是对爱因斯坦大脑的研究，为这位加拿大女科学家带来了巨大的声誉。

维特森经过研究，提出了一个长期以来一直被其他神经学家忽视的事实：爱因斯坦的大脑中，负责视觉思考和空间推理的区域——顶叶，要比常人的大15%，而且，它不像常人的大脑那样，被大脑外侧列分为两个部分，而是一个相对完整的部分，并在上面发现有许多山脊状和凹槽状的结构。这些极其罕见的结构，很可能就是爱因斯坦与众不同的奥秘所在，在一定程度上，解释了爱因斯坦为何才智过人，思想活跃，具有自己独特的思维方式。

维特森的发现轰动了世界，但有些西方科学家呼吁，这一发现固然可喜，但应谨慎对待，仅凭爱因斯坦的一个大脑就得出这样的结论，理由并不充分，仍需做更深入的研究和比较，才可对这个“天才之脑”做出最后的结论。爱因斯坦尽管生来是一个天才，但如果没有后天的培养和个人努力，天才也难以发挥出超人的智慧。

作为历史上最伟大的理论物理学家，爱因斯坦超凡的抽象能力毋庸置疑。在他的一生中，虽然发表了300多篇科学论文，但他无法简单描述自己是如何思考的。他只是幽默地表示，作为一个理论家，他在思考物理学课题时，有时想象自己骑着一道光线飞行，有时感觉是被困在电梯里自由坠落，很少用语言文字来思考，而是像放电影一样，用一幅幅图画的想象力来思考，这不免与维特森的推断相呼应。

可是，仅有这一个推断就能解释爱因斯坦的传奇成就吗？科学家们纷纷质疑。有人指出，爱因斯坦在上中学的时候，他的画图和地理成绩并不好，与顶叶发达的推断相悖。而且，有些研究表明，早年失明的盲人，顶叶大多较宽。如果，顶叶宽大就能成就爱因斯坦，由此推断，盲人学校就该成为诺贝尔奖的基地了。

另外，英格兰医学院的佛德里克教授曾经指出，人不会是一成不变的，对一颗76岁老龄大脑的研究，无法简单解释在他26岁时震撼世界的科学发现。事实上，即便我们发现了大脑的异样，就一定能从中分析出他的智慧能力吗？

1995年，哈维已经82岁高龄，他考虑自己越发年迈，应该尽快妥善保存大脑样本，经过一番思考，他决定把珍藏半生的大脑样本送给爱因斯坦生前工作的地方——普林斯顿大学。于是，经过40年的颠沛辗转，爱因斯坦的大脑终于又回到了普林斯顿医院。大脑送回后，院方很快便收到几份希望进行研究的申请。

1998年，日本的山口教授参与了对大脑样本的研究，结果，他惊奇地发现，爱因斯坦的大脑竟有明显的老年痴呆症状。经过深入研究确定，爱因斯坦的天才是天生的，并非后天努力的结果。虽然科学研究证实，后天的努力也能成才，但与生俱来的天才的的确确是存在的，譬如爱因斯坦。

2007年，94岁的哈维去世。此时，爱因斯坦的大脑已被妥善保存在普林斯顿医院病理学实验室里。52年前，当他亲手取出那个传奇的大脑时，只是希望以此发掘伟大的智慧究竟缘自何方。但直到离世，他所等待的科研结果，也始终没有出现。

未来的日子里，不论研究出怎样的结果，我们都应该确信，伟人的大脑肯定与众不同，否则，就找不到充足的理由解释那些震撼世界的伟大发现。

倘若爱因斯坦在天有知，定会用他的幽默天性，深深谅解人们在他百年时候，仍在不断打扰他在生前苦苦追寻的那份宁静，仍在孜孜不倦地探讨和研究他的智慧起源。

一切，只因，他的传奇故事，他的科学发现，他的和平呼唤……让世人深深惊叹、折服与敬仰。

让我们，在内心深处，永远铭记这个伟大的名字，阿尔伯特·爱因斯坦。

Appendix

ALBERT 附 录

EINSTEIN

爱因斯坦生平

阿尔伯特·爱因斯坦，1879年3月14日，出生在德国乌尔姆市一个中产阶级犹太人家庭。父亲海尔曼·爱因斯坦经商，具有数学天赋；母亲波林·科克是富有粮商的女儿，具有音乐天赋。爱因斯坦受母亲熏陶，六岁开始学拉小提琴，音乐成为他最大的爱好，并陪伴终生。

爱因斯坦幼年凡俗，少言沉默，甚至比同龄儿童反应迟钝。5岁时，父亲给他一个指南针，指针在磁力作用下转动的情景让他惊讶，就像牛顿看到掉落的苹果一样，引发了浓厚的科学兴趣。

1886年，爱因斯坦在慕尼黑读高中，肄业退学，后转入瑞士州立中学。1896年，进入瑞士苏黎世联邦工业学院，毕业后成为一名教师。爱因斯坦喜爱教书育人，但成为一名物理学家却是他无法放弃的梦想。

1902年，大学毕业后无法进入学术机构，只在瑞士伯尔尼专利局找到一份做审查员的临时工作。在那里，爱因斯坦被正规教育扼杀的科学激情迸发出来，得以致力于科学研究。1905年，是爱因斯坦的奇迹年，26岁的他创造了科学史上史无前例的奇迹。在这一年，他连写六篇科研论文，在物理学三个不同领域取得了历史性成就，特别是狭义相对论的提出，使人类对于空间、时间和物质运动的认识发生了革命性变化，在物理学发展史上留下浓墨重彩的一笔，标志着物理学新纪元的到来。

1914年，爱因斯坦返回德国，进入普鲁士科学研究所，兼任柏林大学教授。1915年，爱因斯坦发表广义相对论，这是继狭义相对论之后，近代科学的又一个重大成就。1919年，英国天文学家爱丁顿的日全食观测结果证实了爱因斯坦所作的“光线经过太阳引力场会弯曲”的预言，爱因斯坦由此声名鹊起，相对论也由此家喻户晓。

1921年，爱因斯坦因在光电效应方面的研究而被授予诺贝尔物理学奖。1933年，由于纳粹德国反犹太主义狂潮，爱因斯坦被迫移居美国，在普林斯顿高等研究院任教。1940年，获得美国国籍。1955年，爱因斯坦因主动脉瘤破裂在美国普林斯顿逝世。

爱因斯坦不仅是一位伟大的科学家，还是一位和平主义者。他目睹了两次世界大战对人类文明的摧残，认为和平是人类的首要问题。1955年4月，弥留之际的爱因斯坦签署了《罗素——爱因斯坦宣言》，呼吁人们团结起来，防止新的世界大战爆。

爱因斯坦除在光电效应、相对论等方面做出举世皆知的杰出贡献外，关于布朗运动的研究成果，由于对大量无序因子的规律性把握，成为当今最热门的金融数学基础。他提出的激光受激辐射的概念，在几十年后的今天得到广泛应用。他与玻尔进行的论战中提出的EPR佯谬，至今仍是理论物理学和科学哲学界不断探讨的话题。

获奖时代背景

1887年，德国物理学家赫兹发现了光电效应。1905年，爱因斯坦提出光量子假设理论，并成功解释了光电效应。1916年，美国实验物理学家密立根，证实了爱因斯坦光子论的正确性。

爱因斯坦的一生，对物理学研究具有重大贡献。1905年，提出了光的量子概念理论，并发现了光电效应定律；1915年，建立了狭义相对论，并推广为广义相对论；1919年，英国的日蚀观测取得伟大验证，证实了“光在引力场中不沿直线而沿曲线传播”的推断，全世界都为之轰动；1940年，建议并参加第一颗原子弹的研制工作等等。

诺贝尔奖授予爱因斯坦的问题已探讨多年，由于当时有很多人对相对论存有偏见，还有诺贝尔物理学奖究竟应该指大物理还是小物理，天体物理、宇宙物理、大气物理、物理化学等是否也包括在内，以及基金开支、人员变动等错综复杂的原因，在诺贝尔奖委员会中，这些问题不断尖锐化，对爱因斯坦的频频提名也一再被否定。

在许多著名物理学家的不断压力下，直到1922年11月，瑞典科学院终于决定回避相对论的争论，以“发现光电效应定律以及在理论物理学领域的其他工作”的名义，授予爱因斯坦1921年度的诺贝尔物理奖。

爱因斯坦年表

1879年3月14日，生于德国乌尔姆市。

1880年，迁居慕尼黑。

1884年，在天主教小学读书。

1886年，在慕尼黑公立学校读书。

1888年，在路易波尔德高级中学学习。

1891年，自学欧几里德几何和高等数学，并狂热喜爱。

1894年，迁居意大利米兰。

1895年，中学肄业。放弃德国国籍。写第一篇科学论文。

1896年，在苏黎世联邦工业大学学习物理。

1900年，大学毕业，发表论文《由毛细管现象得到的推论》、《电势差的热力学理论》、《关于热平衡和热力学第二定律的运动论》。

1901年，取得瑞士国籍。

1903年，与米列娃结婚。

1905年，取得博士学位。发展量子论，提出光量子假说，解决了光电效应问题，提出质能相当关系，提出狭义相对性原理，开创物理学的新纪元。发表论文《分子大小的新测定法》、《论动体的电动力学》。

1907年，发表论文《关于对性原理和由此得出的结论》。

1908年，兼任伯尔尼大学编外讲师。

1909年，任日内瓦大学名誉博士、苏黎世大学理论物理学副教授。完成关于临界乳光的论文。

1912年，任母校苏黎世联邦工业大学理论物理学教授。提出光化当量定律。

1913年，任柏林威廉皇家物理研究所所长兼柏林大学教授。发表同格罗斯曼合著的论文《广义相对论纲要和引力理论》。

1914年，迁居柏林。参加组织反战团体“新祖国同盟”。

1915年，同德哈斯共同发现转动磁性效应。提出广义相对论引力方程的完整形式，并成功解释了水星近日点运动。

1916年，发表论文《广义相对论的基础》、《关于辐射的量子理论》、《狭义和广义相对论浅说》。

1917年，著述第一篇关于宇宙学的论文，引入宇宙项。

1918年，发表关于引力波的第二篇论文，包括四级公式。

1919年，获悉英国天文学家观察日食的结果，全世界为之轰动，被视为“人类思想史中最伟大的成就之一”。与米列娃离婚，与艾尔莎结婚。

1921年，在白宫受哈丁总统接见。

1922年，被授予1921年诺贝尔物理学奖。发现了康普顿效应，解决了光子概念中长期存在的矛盾。

1924年，从统计涨落的分析中得出一个波和物质缔合的独立的论证。

1925年，接受科普列奖章。发表论文《非欧几里德几何和物理学》。

1926年，任苏联科学院院士。接受“皇家天文学家”的金质奖章。

1927年，在反法西斯宣言上签名，参加国际反帝大同盟，被选为名誉主席。发表论文《牛顿力学及其对理论物理学发展的影响》。

1928年，被选为“德国人权同盟”理事。发表论文《物理学的基本概念至其最近的变化》。

1929年，获普朗克奖章。发表论文《统一场论》。访问比利时皇室，与伊丽莎白女皇结下深厚友谊。

1930年，发表《我的世界观》、《宗教和科学》等文章。

1931年，从美国回柏林。发表论文《麦克斯韦对物理实在观念发展的影响》。号召各国对日本经济封锁，制止其对中国的军事侵略。

1932年，号召德国人民起来保卫魏玛共和国，反对法西斯。离开德国去美国，从此再也没有踏上德国的领土。

1933年，在伦敦发表演讲《文明和科学》。

1934年，出版文集《我的世界观》。获富兰克林奖章。

1936年，同英费尔德和霍夫曼合作研究广义相对论的运动问题，发表论文《引力方程和运动问题》、《卡鲁查电学理论的推广》。

1939年，上书罗斯福总统，建议美国抓紧原子能研究，防止德国抢先掌握原子弹。

1940年，发表论文《关于理论物理学基础的考查》。

1941年，发表论文《科学和宗教》。

1944年，为支持反法西斯战争，以600万美元拍卖1905年狭义相对论论文手稿。

1945年，写长篇《自述》，回顾一生科学探索道路。发表论文《量子力学和实在》。

1949年，发表论文《为什么要社会主义》。

1950年，发表电视演讲，反对美国制造氢弹。发表论文《关于广义引力论》。出版文集《晚年集》。

1952年，发表论文《相对论和空间问题》、《关于一些基本概论的绪论》。以色列政府请他担任第 2 任总统，被拒绝。

1954年，发表论文《非对称的相对论性理论》。

1955年4月18日，在美国普林斯顿病逝，享年76岁。遵照遗嘱，骨灰秘密保存，不发讣告，不举行公开葬仪，不做坟墓，不立纪念碑。

获奖当年世界大事记

(1921年)

3月，苏共第十次代表大会通过过渡到新经济政策的决议。

7月，中国共产党成立。

8月，苏维埃联邦社会主义共和国政府与美国救济总署签订救助饥民的条约。

11月，帝国主义争夺远东和太平洋地区的华盛顿会议。

图书在版编目（CIP）数据

爱因斯坦传 / 李梦群 著. —长春：时代文艺出版社，2012.1（2023.7重印）
（诺贝尔奖获奖者传记丛书）

ISBN 978-7-5387-3383-9

I. ①爱... Ⅱ.①李... Ⅲ. ①爱因斯坦，A.(1879~1955)－传记 Ⅳ. ①K837.126.11

中国版本图书馆CIP数据核字（2011）第256573号

出品人　陈　琛
责任编辑　徐　薇
装帧设计　孙　俪
排版制作　隋淑凤

爱因斯坦传

李梦群 著

出版发行 / 时代文艺出版社
地址 / 长春市福祉大路5788号　龙腾国际大厦A座15层　邮编 / 130118
总编办 / 0431-81629751　发行部 / 0431-81629755
官方微博 / weibo.com / tlapress　天猫旗舰店 / sdwycbsgf.tmall.com
印刷 / 三河市嵩川印刷有限公司
开本 / 850 × 1168毫米　1 / 32　字数 / 150千字　印张 / 7.5
版次 / 2012年4月第1版　印次 / 2023年7月第3次印刷　定价 / 36.00元

图书如有印装错误　请寄回印厂调换